관광산업과 플랫폼 전략

정기정

백산출판사

시작하며

우리 사회에서 가장 큰 이슈 중 하나는 청년실업과 일자리 창출이다. 이 문제는 어제 오늘의 일이 아니지만, 해결의 기미는 보이지 않고 심각성이 더해지고 있다. 그러면 관광산업에서 일자리 문제의 해결에 일조할 수 있는 방안은 없을까? 관광산업은 고용창출 효과가 높다고 늘 강조되어 왔는데, 외국인 관광객이 1,200만 명을 넘어섰다면 관광산업이 제 역할을 다했다고 할 수 있는 것인가? 관광객 숫자에 집착하다 보니 그저 외국인 관광객이 많이 오면 된다고 생각하는 것은 아닌가? 관광산업에서 일자리가 생겨날 여지는 더 이상 없는 것일까?

단순하게 생각해 보면, 관광분야에서의 일자리 창출은 곧 관광업계의 고용증가를 뜻하며, 관광업계의 고용증가는 관광산업의 활성화를 통해서 달성할 수 있을 것이다. 일자리 박람회를 한다고 절대적인 일자리 수가 늘어나지는 않는다. 관광분야에서 일자리가 생기려면 기본적으로 관광객이 많아져야 하고, 더불어 관광객의 씀씀이가 커져야 한다. 그 말은 곧 관광객의 수를 늘리고, 관광객을 대상으로 한 새로운 비즈니스를 만들어 관광객의 소비를 늘림으로써 관광산업 생태계를 활성화시켜야 한다는 것이다. 이 책은 이러한 관점에서 출발하여, 관광산업 생태계가 어떠한 모습인지 살펴보고, 플랫폼 전략을 바탕으로 생태계 활성화 방법을 모색해 보려는 것이다.

'플랫폼'이라는 개념은 주로 제조업과 관련하여 사용되고 있기 때문에, 관광산업과의 연관성이 쉽게 드러나지는 않는다. 그런데 '융·복합'이라는 관광산업의 속성을 보면, 관광산업의 발전을 위해서는 융·복합을 촉진시키는 협력의 장(場)이 마련되고, 융·복합 활동을 주도하는 마인드의 형성이 필요함을 느끼게 된다. 더구나 관광산업의 육성이라는 것 자체가 공공기관과 민간의 공동노력이 필요한 영역이므로, 공공기관 간의 협력 또는 공공기관과 민간의 협력을 촉진하는 분위기와 마인드가 형성되어야 하는 것이다. 이러한 배경에서 플랫폼을 형성하여 플랫폼을 통해 관광산업을 육성하는 플랫폼 전략의 구사를 강조하는 바이며, 협력과 협업을 통한 공공기관의 일하는 방식이 곧 플랫폼 전략의 실천이라고 보게 되었다.

관광콘텐츠는 유무형의 다양한 관광자원을 결합하여 재창조된다. 농촌관광, 어촌관광, 공연관광, 의료관광, 미용관광 등 수많은 유형의 관광들은 모두 상이한 분야의 콘텐츠들이 관광으로 융·복합되었다는 것을 의미한다. 그러한 융·복합 콘텐츠 자체도 융·복합의 장인 플랫폼을 통해 탄생하였을 것이며, 콘텐츠와 소비자를 연결시켜 주는 홍보활동이 결합되어 수요가 만들어지고 콘텐츠의 체험·관람·관광을 통한 거래가 발생하게 된다. 이러한 과정에 참여한 콘텐츠 공급자, 여행서비스 제공자, 편의시설업체 등은 플랫폼을 통해 비용을 절감하거나, 신규 고객을 확보하는 등 용이한 사업환경을 가지게 되는 것이다. 협업이나 협력이란 바로 이러한 방식으로 사업영역을 만들고 생태계를 형성하는 것을 말하며, 협력활동이 전개되는 플랫폼을 형성하여 시너지를 창출하고 새로운 사업영역을 개척해 나가는 것이 플랫폼 전략인 셈이다.

관광분야에 종사한 지 20년이 넘었다. 꿈의 목표라고 여겨지던 외래관광객 1,200만 명이 돌파되었으며, 관광산업의 규모도 놀랄 만큼 성장하였다. 그러나 한편으로는 혼란스럽다. 안내 표지판만 고치면 관광객이 더 늘어날 것인가? 연예인을 활용한 이벤트만 개최하면 한류 관광객이 몰려올 것인가? 수요는 넘쳐나는데 숙박시설은 늘 부족하다고 난리고, 일본인 관광객의 급감으로 일부 여행사들은 버티기 힘들다며 아우성이다. 무엇을 어떻게 해야 할 것인가. 이 책은 이러한 상황을 해결하는 데 미력하나마 보탬이 되기 위해 준비하였다. 관광산업을 생태계 관점으로 설명하고, 관광산업을 키우기 위해 어떤 방식의 노력이 있어야 하는가를 고민해 본 것이다. 관광산업 육성의 최종 목표는 일자리 창출과 소득 증가이다. 일자리와 소득이 있기에 관광업에 종사하는 국민이 행복해지는 것이다. 이 책을 통해 관광산업의 발전을 고민하고 연구하는 분들이 새로운 아이디어를 찾아 '관광으로 행복 만들기'에 기여할 수 있기를 기대하고 있다.

이 책은 본인이 몸담고 있는 한국관광공사 동료직원들, 관광업계 종사자들, 관광매체 언론인들과의 대화를 바탕으로 만들어졌다. 그 분들과의 토론을 통해 방향을 잡고 아이디어를 얻게 되었으며, 관광공사에서 발간된 많은 자료들의 도움을 받았다. 한국관광공사와 관광공사의 동료직원들에게 진심으로 감사드린다. 더불어 이 책의 출판을 도와주신 백산출판사 진욱상 사장님과 편집부 직원들께 감사드린다. 관광분야의 책들을 발간하여 관광에 대한 연구와 관심을 유도하는 출판사도 엄연히 관광산업 플랫폼에서 빠질 수 없는 참여자이다. 끝으로 그래픽 작업을 도와주며 든든한 후원자가 된 가족들에게 감사의 마음을 전한다.

2014년 6월

차례

제8장 플랫포머의 조직 설계 / 169

제9장 관광산업 활성화 노력의 성과 측정 / 195

그림 차례

제 1 장

관광산업 생태계

1. 관광산업은 왜 중요한가?
2. 관광산업 생태계의 현황
3. 관광산업 생태계의 변화

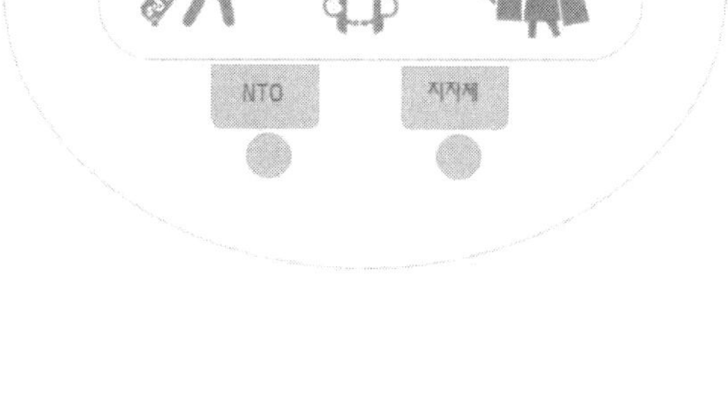

제1장
관광산업 생태계

1. 관광산업은 왜 중요한가?

관광산업이란 관광객의 관광수요를 충족시켜 주는 과정에 수반되는 각종 서비스를 제공함으로써 부가가치를 생산하는 활동들을 총체적으로 일컫는 말이다. 그런데 여행, 음식, 숙박 등 관광사업체가 제공하는 대부분의 서비스는 사람의 손을 거쳐 제공되는 인적 서비스이다. 따라서 관광산업에서 제공되는 서비스들은 기계화 내지 자동화와는 거리가 멀 수밖에 없으며, 그러한 속성상 관광산업은 당연히 고용창출 효과가 높아 일자리 창출이 강조되는 시점에서는 유망산업으로 간주될 수 있을 것이다.

WEF(World Economic Forum, 세계경제포럼)가 2013년도에 발표한 자료에 의하면 관광부문은 전 세계 GDP의 9%를 차지하고, 관광으로 인한 일자리는 직접고용이 1억 2천만 명, 간접고용이 1억 2천5백만 명이라고 한다. 우리나라의 경우 관광부문이 GDP의 5.9%를 차지하며, 고용자 수는 직간접 종사인원을 합치면 150여만 명이나 된다고 한다. 국가관광홍보기구(National Tourism Organization)가 없었던 미국도 관광의 고용창출 효과에 착안하여 Brand USA라는 관광홍보기구를 설립하였는데, 미국은 외래관광객 33명이 일자리 1개를 유지한다고 보고 있다. 통계방법이 다르겠지만, 이를 우리의 경우에 적용해 보면, 외래관광객이 1,200만 명 수준이므로 외래관광객에 의해 우리나라의 일자리 36만여 개가 유지된다고 볼 수 있을 것이다. 물론 이 숫자는 직접고용 인원을 말하며, 위에서 WEF가 150여만 명이라고 한 것은 간접고용, 국내관광객에 의한 고용 등을 모두 포괄한 수치이다. 아무튼 모든 산업이 고용창출이나 소득증가에 기여하겠지만, 관광산업은 그 파급효과 측면에서 볼 때 고용 없는 성장시대에 더욱 주목받아야 할 산업임에 틀림없다.

세계경제포럼(WEF)에서는 격년단위로 국가별 관광경쟁력지수(Travel & Tourism Competitiveness Index, TTCI)를 발표하고 있다. 2013년도 발표에 따르면 우리나라 관광의 경쟁력은 전 세계 140개 국가 중 25위를 차지하였다. WEF의 관광경쟁력지수는 14가지 영역에서 경쟁력을 평가하여 도출되는데, 우리나라는 몇 가지 영역에서 세계 25위라는 위상에 걸맞지 않은 아주 낮은 평가를 받고 있다. 대표적인 것을 살펴보면, 가격경쟁력 영역(Price competitiveness in Travel & Tourism industry)이 96위, 자연자원(Natural resources) 영역이 89위, 관광에 대한 친근성(Affinity for Travel & Tourism) 영역이 81위, 관광 우선순위(Prioritization of travel & Tourism) 영역이 75위로 평가되었다. 가격경쟁력이나 자연자원은 인위적인 노력으로 개선하기 힘든 것이다. 또한 관광에 대한 친근성 영역은 영어 사용국이 아니라는 점에서 낮은 점수를 납득할 수 있다. 그런데 관광을 얼마나 우선시하느냐를 평가하는 세부영역을 보면 신경 써야 할 내용을 찾아볼 수 있다. 관광 우선순위 영역 세부평가항목에 정부가 관관산업의 육성을 어느 정도 우선시하느냐를 평가(How much of a priority is the development of the T&T industry for the government of your country?)하는 항목에서는 68위, 정부예산 중 관광산업에 투입되는 예산의 비율로 측정되는 Travel & Tourism government expenditure 부분은 92위를 차지하였다. 정확한 평가가 아니라고 하더라도, 이와 같은 평가결과는 우리나라의 위상이나 경제규모에 비해 관광이 정부정책에서 우선순위가 높지 않다는 것을 시사하고 있는 것이다. 관광산업이 고부가가치 산업이라고는 하지만, 여전히 우리나라에서 우선순위가 밀리는 것은 사실일 것이다.

관광산업이 그 가치를 인정받지 못하고 있는 것이 현실이다 보니, 관광객은 보이지만, 관광산업은 보이지 않으며, 관광산업 활성화에 필요한 콘텐츠 개발이나 홍보활동은 '있어도 그만 없어도 그만'이라고 인식하는 경우가 많다. 국민행복이 화두로 등장하자, 그 행복이라는 것이 관광산업 종사자(관광인)의 행복인지 관광객의 행복인지 헷갈리기도 한다. 강조하자면, 모든 산업이 그러하겠지만, 관광산업을 키우는 목적은 최종적으로 일자리 창출과 국민소득 증가에 있다. 관광산업에서 소득이 발생하면 그것은 곧 세금이 발생함을 의미하므로, 정부나 국가 입장에서는 세금이 들어오고 국민들의 지지를 받게 되는 것이지만, 국민 입장에서는 일자리와 수입이 생기는 것이다. 국민행복은 일자리와 소득에서 나오며, 일자리와 소득이 있기에 행복이라는 것이 가능한 게 아닌가. 그 외에 관광산업을 키워야 하는 이유가 있다면 그것은 부차적인 것들이 아닐까. 관광분야의 일자리 창출 개수가 매월 발표되는 국가들에 비하면 우리나라에서 관광산업이 갈 길은 아직 멀게만 느껴진다.

2. 관광산업 생태계의 현황

요즈음 어떠한 종류의 산업이건, 산업의 발전을 얘기하는 자리에는 '생태계'라는 말이 감초처럼 등장하고 있다. 생태계라는 용어가 처음 사용된 자연생태계의 경우, 생태계의 구성요소인 생물체 상호간 또는 생물체와 주위 환경이 영향을 주고받으며 생태계가 유지된다. 이러한 자연생태계의 원리가 산업생태계에도 적용되어 관광산업 생태계도 수요자·공급자·환경적 요소로 이루어져 이들이 하나의 생태계를 형성하여 성장·발전하고 있는 것은 아닐까. 최근 많은 사람들이 관광산업 생태계라는 용어를 즐겨 사용하고 있지만, 정작 관광산업 생태계가 무엇인지 그 실체를 파악하는 데에는 소홀한 경향이 있다. 막연히 여행업이나 호텔업이 관광산업이 아닐까 생각하고, 여행사나 호텔의 외적 환경을 관광산업 생태계라고 짐작하기도 한다. 앞서 관광산업을 '관광객의 관광수요를 충족시켜주는 과정에 수반되는 각종 서비스를 제공함으로써 부가가치를 생산하는 활동들을 총체적으로 일컫는다'라고 정의한 바 있다. 이 정의를 바탕으로 살펴보면, 관광산업 생태계에는 관광수요를 가진 소비자인 관광객, 관광객들에게 서비스를 제공하는 관광사업체, 관광수요의 대상인 관광자원, 관광자원과 서비스를 결합한 관광상품 등의 다양한 요소가 존재함을 알 수 있다. 또한 자연생태계에 비생물적 요소(생물 주위를 둘러싸고 있는 물질과 에너지의 흐름)가 존재하듯이 관광산업 생태계에도 법규나 제도, 정부의 정책 등 환경적 요소들이 존재하고 있다. 이러한 요소들이 상호작용하여 유기체처럼 움직이며 발전하는 메커니즘을 관광산업 생태계라고 부르고자 한다. (부록의 용어해설 참조)

생태계의 발전이라는 것은 그 구성요소들의 상호작용이 건전한 방향으로 이뤄진다는 것을 뜻하는데, 관광산업 생태계의 발전도 구성요소인 수요자와 공급자 및 환경적 요소의 상호작용이 건전한 방향으로 활발해진다는 것을 의미한다. 따라서 '어떻게 관광산업 생태계를 건전하게 발전시킬 것인가'라는 물음은 '관광산업 생태계에서 구성요소들의 상호작용을 어떠한 방법으로 활성화시킬 것이냐, 그것도 건전하게'라는 물음과 같은 맥락일 것이다. 이러한 맥락에서 관광산업 생태계의 발전방향을 모색하려면 일단 생태계의 구성요소들이 무엇인지 파악해야 할 것이다. 관광산업이라는 것 자체가 소비자인 관광객의 관광소비를 둘러싸고 일어나는 활동이므로 일단 소비자가 '관광을 소비하는 과정'을 중심으로 관광산업 생태계의 구성요소를 파악해 보고자 한다.

• 소비자(관광객)

서울을 찾은 어떤 관광객이 있다고 가정해 보자. 그 관광객은 초등학교 국사 교과서에서 조선의 수도 한양과 경복궁에 대해 배웠거나, 아니면 서울을 다녀온 친구를 통해 박물관과 놀이공원을 알게 되었거나, 여타의 다양한 경로를 통해 관광목적지로서의 서울의 존재를 인지하게 되었다. 어느 날 우연히 사극을 시청하다가 경복궁에 매력을 느꼈을 수도 있고, 혹은 텔레비전의 저녁 9시 뉴스에서 경복궁 야간 개장소식이나 남대문 복원소식을 듣고 직접 보고 싶은 충동을 느꼈을 수도 있다. 아무튼 다양한 계기로 그 관광객의 머릿속에는 서울에 대한 관광수요가 형성된 것이다.

여행욕구를 느낀 그 관광객은 서울 여행을 위한 정보를 검색하고 교통편과 소요시간, 비용 등 여행에 필요한 정보를 찾아보게 되었다. 그러나 곧장 서울로 향할 수도 있겠지만, '모처럼의 여행 기회인데 굳이 서울로 가야 되나, 경주는 어때? 제주도도 괜찮은데…'와 같이 여러 대안들을 비교하다가 결국 서울로 가기로 결론을 내리고 여행을 감행하게 된 것이다. 이 관광객이 여행을 하는 동안, 대중교통을 이용하였고, 식사를 하였으며, 베니키아 호텔에서 숙박을 하였고, 야간에는 공연을 관람하였으며, 인사동을 찾아 쇼핑까지 다양한 활동을 하였다. 그리고 여행을 다녀온 후에는 추억을 되새기며 다음번에 반드시 다시 가겠다는 다짐을 하게 된다.

이 관광객의 여행과정을 개략적으로 그려보면 [그림 1]과 같다. 관광대상, 즉 여행목적지를 인지하고, 긍정적인 이미지가 형성되어 여행욕구가 발생하면, 여행목적지에 대한 정보를 수집하고, 대안과 비교하여 최적의 목적지를 선택하게 된다. 선택한 곳으로 여행을 다녀온 후, 만족스러운 여행이었다면 다음번 재방문을 생각하거나 주변에 추천하게 되는 것이다. ([그림 1]은 여행과정은 개략적으로 표현한 것이며, 보다 구체적인 내용은 뒷부분 제3장에 자세하게 설명되어 있다.)

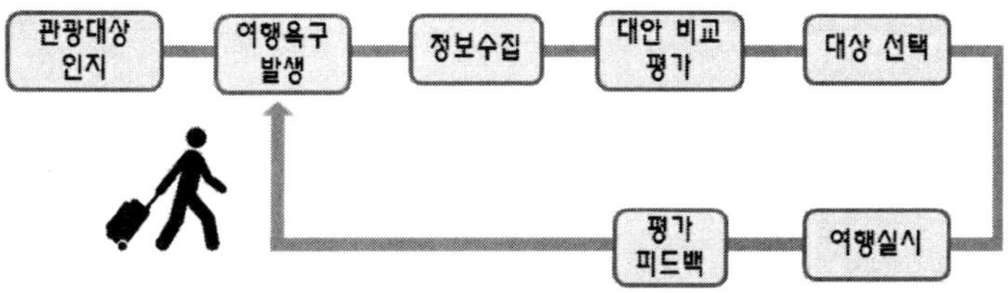

[그림 1] 관광객의 여행실시 과정

- **관광콘텐츠**

[그림 1]에서 "관광대상 인지", "여행욕구 발생"은 관광자원을 대상으로 관광수요가 발생하였다는 것을 의미한다. 즉 소비자인 관광객의 소비대상은 관광자원이다. 관광자원은 여러 유형으로 분류할 수 있는데, 기존에는 문화재나 자연경관 등과 같은 물리적 자원이 대부분을 차지하였다. 그러나 관광의 형태가 다양해지면서 기존의 물리적 자원뿐만 아니라 무형의 소프트웨어적인 관광자원이 등장하여 관광자원의 분류 자체가 불가능할 정도로 다양해지고 있다. 도시관광, 농촌관광, 어촌관광, 문화관광, 생태관광, 산업관광, 미용관광, 의료관광… 관광의 대상인 관광자원이 무엇이냐에 따라서 너무나도 다양한 융·복합 형태의 관광콘텐츠가 등장하고 있다.

예를 들면 공연이 활성화되면서 사춤, 드로잉쇼, 비밥과 같은 새로운 공연들이 관광콘텐츠로 인기를 누리는가 하면, 미용이나 성형

술, 한방치료가 인기 관광아이템으로 등장하였고, 해외에서는 심지어 원전사고 지역이었던 체르노빌 자체가 관광명소로 등장하기도 하였다. 아무튼 관광산업 생태계에서 빼놓을 수 없는 중요한 요소가 관광콘텐츠이며, 콘텐츠의 공급이 생태계의 발전에 중요한 영향을 미치고 있다. 참고로 본 글에서는 세상의 모든 관광자원을 유형에 따라 분류하는 것은 의미가 없으므로, 관광자원을 포함하여 관광의 대상이 되는 모든 것들을 합쳐서 관광콘텐츠로 부르고자 한다.

• **서비스와 편의시설**

관광객이 여행을 실시하는 방법은 여행사를 통하거나, 개별적으로 여행하거나 아니면 두 가지 방법을 적당히 혼합하는 것이다. 여행사를 통한다는 것은 관광객이 관광상품(교통, 숙박, 식사, 관람 등을 결합한 패키지)을 구입하는 행위인데, 지극히 상식적인 얘기지만 관광상품은 관광콘텐츠를 즐기는 것(관람, 체험)과 즐기는 과정에 제공되는 서비스로 구성된다. 이 경우 여행프로그램의 기획, 예약, 관광 안내 등 여행사가 제공하는 모든 것들이 서비스에 해당되며, 관광객이 여행사에 지불하는 비용은 실제 관광에 소요되는 비용과 서비스 이용료를 포함한 것이다. 한편 관광객은 여행 중에 차량 또는 렌터카를 이용하여 목적지로 이동하거나 숙박업소, 식당, 공연장, 쇼핑센터 등을 이용하게 되는데, 이들이 편의시설들이다. 과거 관광객 수용태세 개선이라는 용어가 자주 사용된 적이 있었는데, 수용태세란 이러한 관광 편의시설이나 여행관련 서비스에 관한 용어라고 할 수 있다. (최근에는 관광환경 또는 관광인프라라는 용어가 더 자주 사용되고 있음)

• 관광상품

[그림 1]에서 6번째 단계인 관광객의 '여행실시' 과정을 보다 세부적으로 살펴보면 [그림 2]와 같다.

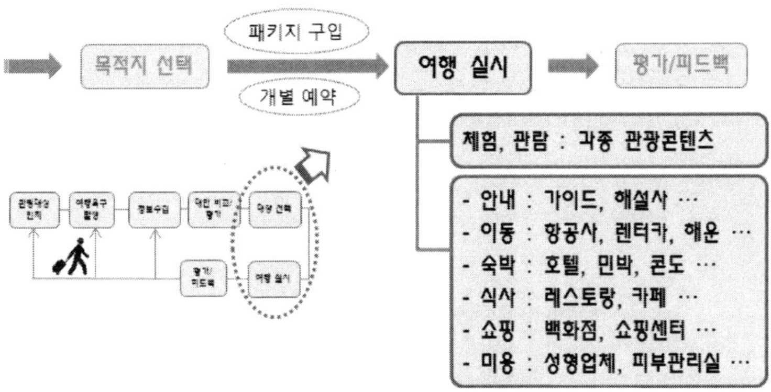

[그림 2] 여행실시 과정의 세부활동

[그림 2]에서 개별예약을 통해 여행하는 경우에는 체험이나 관람, 숙박, 식사, 쇼핑, 미용 등 여행의 전 과정(또는 일부)을 자신이 직접 접촉하고 예약한다. 반면, 패키지를 구입하는 경우에는 관광콘텐츠의 관람이나 체험, 숙박, 식음료, 쇼핑, 미용, 안내 등을 여행사를 통해 해결하게 된다. 이와 같이 관광상품은 보통 관광콘텐츠를 즐기는 것(관람, 체험)과 즐기는 과정에 제공되는 서비스로 구성된다. 따라서 관광산업 생태계에서 공급자인 관광업계가 공급하는 것은 이러한 관광상품과 서비스, 그리고 관람이나 체험 대상인 관광콘텐츠이다.

• **관광업계**

여행을 떠나기로 한 관광객은 일단 여행사를 이용할 것인지, 개별적으로 여행할 것인지를 결정하게 된다. 여행사를 이용한다는 것은 위에서 언급하였듯이, 관광콘텐츠에 여행사의 각종 서비스가 결합된 관광상품을 구입한다는 것을 말한다. 반면, 개별여행자는 여행사의 도움 없이 관광콘텐츠의 관람이나 체험, 여행 편의시설의 이용 등을 직접 수행함을 말한다. 이러한 흐름을 그림으로 표현하면 [그림 3]과 같다.

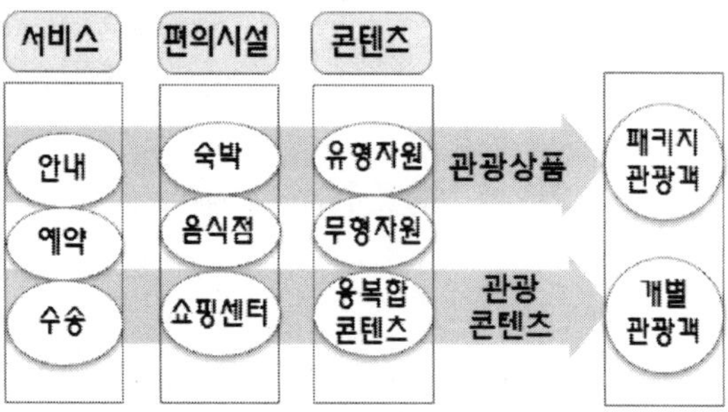

[그림 3] 관광상품과 관광콘텐츠

[그림 3]에서 서비스나 콘텐츠·편의시설을 제공한다는 것 자체는 관광사업을 영위함을 의미하며, 이들은 관광객을 대상으로 영리활동을 전개하므로 관광생태계의 공급자(관광업계)인 것이다. 「관광진흥법」 제3조의 관광사업을 기준으로 본다면 관광업계는 여행업, 관광숙박업, 관광객 이용시설업, 국제회의업, 카지노업, 유원시설업, 관광편의시설업 등의 관광사업을 경영하는 업체를 말한다. 그러나

관광은 독립된 영역이 아니라 다양한 분야가 결합되어 이뤄지는데, 의료관광에서는 병원, 쇼핑관광에서는 백화점이나 시장, 미용관광에서는 성형업체나 피부관리업체 등도 관광업계라고 할 수 있다. 따라서 여행과정에서 관광객과 상호작용을 하는 관광업계의 범위를 한정짓기는 어려우며, 관광산업 생태계가 성장할수록 더욱 다양한 관광사업체가 출현하고 관광업계의 범위도 더욱 넓어질 것이다.

한편 국가나 공공기관이 관리하거나 운영하는 문화유적지, 국립공원, 자연휴양림 등도 중요한 관광콘텐츠이므로, 정부나 국립공원관리공단, 산림청 등도 관광산업 생태계에서 공급자라고 할 수 있다. 그러나 그러한 관광콘텐츠는 문화재의 보존, 환경보호, 국민에 대한 교육적 효과, 복지 등의 목적으로 운영되며, 영리목적이 아니므로 운영·관리 주최를 관광업계라고 할 수는 없다. 관광상품이나 관광콘텐츠 공급자라고 해서 모두가 관광업계에 포함되지는 않는 것이다. 마찬가지로 공공기관이 운영하는 관광안내소나 인터넷 관광안내시스템, 관광안내전화 등은 서비스이지만, 그 운영주체가 영리를 목적으로 하지 않는다는 차원에서 해당 공공기관을 관광업계로 분류하지는 않는다.

• 환경적 요소

환경적 요소는 관광산업 생태계의 다른 구성요소들을 둘러싸고 있는 환경적 요소로서 자연생태계의 비생물적 요소에 비유될 수 있는 것들이다. 관광은 비자제도, 출입국 심사, 문화재 보호 및 관람 관련 법률 등 제도적인 것들은 물론, 물가·환율·관광객에 대한 해당지역의 정서, 외국인 적대 분위기 등에 의해서도 영향을 받는데, 이러한 것들이 환경적 요소에 해당된다. 최근에 발표된 대체휴일제도나 관광주간 등과 같은 휴가제도와 교육제도 등은 소비자의 수요와 관련된 환경적 요소(수요환경)이며, 관광사업에 대한 투자환경 조성, 세제 개편, 규제 완화 등은 공급부문에 대한 환경적 요소(공급환경)라고 할 수 있다. 관광객 대상 서비스를 판매하거나 영리 목적으로 콘텐츠를 공급하는 관광업계 입장에서는 영업과 관련된 각종 규제나 제도, 관광관련 서비스 인력을 양성하는 교육시스템 등도 환경적 요소에 해당된다.

국가별 관광경쟁력을 비교할 때 자주 등장하는 세계경제포럼(WEF)이 발표하는 관광경쟁력지수(Travel & Tourism Competitiveness Index)는 14가지 영역의 지표를 평가하여 산출하는데, 여기에는 관광산업의 환경적 요소들에 대한 평가가 많다. 'Policy rules and regulations' 영역, 'Environmental sustainability' 영역, 'Safety and Security' 영역, 'Health and hygiene' 영역, 'Prioritization of Travel and Tourism' 영역, 'ICT infrastructure' 영역, 'Price competitiveness' 영역, 'Human resources' 영역, 'Affinity for Travel & Tourism' 영역 등은 관광산업의 환경적 요소들에 대한 평가지표라고 할 수 있다. (만약 WEF의 관광경쟁력 평가영역을 보다 현실성 있게 재설정한다면, 관광산업 생태계의 구성요소를 기준으로 하면 되는데, 이는 관광학계의 연구과제로 남겨두고자 한다.)

지금까지 살펴본 관광산업 생태계의 구성요소들을 종합하여, 관광산업 생태계의 전체 모습을 그려보면 [그림 4]와 같이 표현할 수 있다.

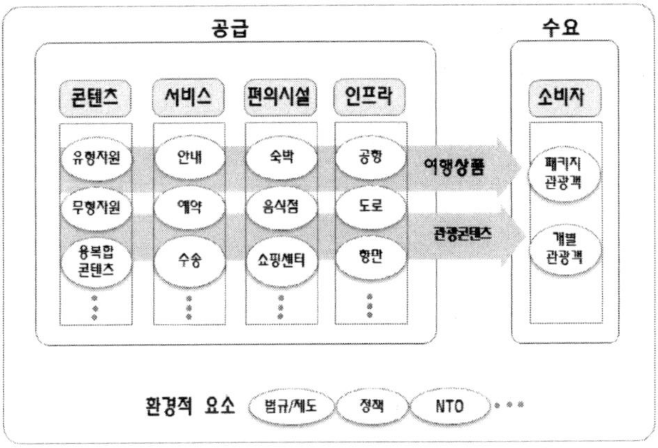

[그림 4] 관광산업 생태계

[그림 4]에서 공급부문은 크게 콘텐츠, 서비스, 편의시설, 인프라 등의 네 가지 영역으로 나누었는데, 관광업계는 공급자 중에서 서비스나 편의시설, 콘텐츠를 영리 목적으로 공급하는 사업체를 말한다. 관광상품이란 관광업계가 이 공급부문인 관광콘텐츠와 서비스나 편의시설, 인프라 등을 결합시켜 관광객을 대상으로 상품형태로 판매하는 것이다. 관광콘텐츠는 관광콘텐츠 그 자체 또는 콘텐츠 관람·체험이나 편의시설 이용 등의 관광프로그램을 말하며, 개별여행객이 여행사를 통하지 않고 관광을 즐기는 경우의 관광대상을 말한다. (물론 관광산업 생태계의 구성요소를 다른 방식으로 분류할 수 있을 것이다. 예를 들면 인프라 영역은 어떻게 보면 관광산업의 환경적 요소에 해당될 수 있다. 어떤 이는 인프라를 관광산업 인프라와 사회간접자본을 의미하는 인프라로 구분하고, 사회간접자본인 인프라를 환경적 요소로 분류하기도 한다. 그러나 이 책에서는 관광산업의

공급부문의 변화에서 공항이나 도로 등 인프라의 역할이 중요하며, 관광상품이나 관광프로그램의 구성에 직접 포함되는 경우가 많아 인프라를 공급부문의 한 요소로 분류하였음을 밝혀둔다.)

3. 관광산업 생태계의 변화

[그림 4]를 통해 관광산업 생태계는 크게 공급(생산)과 수요, 환경 등의 세 가지 요소로 구성되어 있음을 살펴보았다. 공급부문에서는 관광상품이나 관광콘텐츠가 생산(공급)되어 수요자인 관광객과의 거래가 발생하며, 수요자와 공급자는 물론 그것을 둘러싼 환경적 요소들 간의 상호작용이 일어나게 된다. 따라서 관광산업 생태계의 변화나 발전은 공급의 변화, 수요의 변화, 환경적 요소의 변화에 의해 일어나는 것으로 구분하여 볼 수 있을 것이다.

• 수요의 변화

관광산업 생태계의 변화요인 중 하나는 수요의 변화이다. 한국을 찾는 외국인 관광객은 1,200만 명을 넘어섰다. 외국인 방문객이 많다는 것은 그만큼 한국관광에 대한 수요가 증가하였다는 것을 의미하며, 관광객의 증가는 관광산업 생태계를 크게 변화시키고 있다. 이러한 관광수요의 양적 증가와 더불어 질적인 변화도 중요한데, 과거 우리나라 국내여행지는 경주와 제주도가 대표적인 것이었다. 이른바 수학여행 코스로는 불국사와 석굴암, 첨성대를 빠뜨릴 수 없었고 환상의 섬 제주는 가장 각광받는 신혼여행지였다. 그러다가 최근에는 소비자의 기호가 변함에 따라 가족여행이나 체험관광의 바람이 불게 되었고, 농촌체험, 전통문화체험 등 관광의 형태도 완전히 달라졌다. 이와 같이 수요의 변화가 관광산업 생태계 자체를 크게 변화시키고 있는 것이다.

• 공급의 변화

경제에서 수요와 공급이 상호작용을 하여 거래가 일어나듯이, 관광산업 생태계에서도 수요와 공급의 상호작용으로 변화가 일어난다. 공급의 변화 중에서 생태계 변화에 가장 큰 영향을 주는 것은 관광콘텐츠의 변화인데, 관광수요라는 것이 대부분 콘텐츠에 대한 수요에서 생기는 것이므로 당연하다고 할 수 있다. 과거 우리나라 관광콘텐츠는 자연경관과 문화유산이 주를 이루었다. 서울의 고궁과 경주의 신라유적, 부여와 공주의 백제유적 등이 주요 관광목적지였으며, 외국인 관광객들의 대부분은 한국민속촌을 찾아갔다. 또한 소프트웨어적인 콘텐츠로는 부채춤, 탈춤 등 민속공연이 주를 이루었다. 그러나 최근의 관광콘텐츠는 너무나 다양해졌는데, 공연 콘텐츠는 물론 패션, 의료, 미용 등 새로운 유형의 관광콘텐츠가 지속적으로 발굴되고 있다. 전통시장, 농촌체험마을, 올레길, 슬로시티 등에서부터 가전제품 생산시설이나 자동차공장 견학도 산업관광의 콘텐츠로 등장하고 있으며, 융·복합이 일반화되면서 너무나도 다양한 유형의 관광콘텐츠가 등장하여 산업생태계를 크게 변화시키고 있다.

• 서비스/편의시설/인프라의 변화

서비스 부문에서는 인터넷과 스마트폰의 발달로 오프라인 안내체계가 온라인으로 대체되고, 여행서비스에서도 오프라인 여행사의 퇴조와 온라인 여행사의 약진이 두드러지고 있다. 관광객의 증가로 숙박시설 부족현상이 나타나면서, 고급 호텔에서부터 도시민박, 한옥민박 등 숙박시설의 형태도 다양해지고 있다. 교통수단의 발달, 도로망 확충 등 SOC 부문의 변화도 다른 요소들과 상호작용을 하면서 관광산업 생태계의 변화에 커다란 영향을 미치고 있다.

• 환경적 요소의 변화

환경적 요소에는 여러 가지가 있지만, 관광수요와 관련된 큰 변화 중 하나는 근로형태의 변화와 휴가제도의 변화이다. 주5일 근무와 주5일제 수업이 정착되면서 관광수요도 변하고 관광의 유형도 변화하였으며, 장기휴가제도, 대체휴일제, 방학기간의 탄력운영 등도 관광수요에 많은 변화를 미칠 것으로 보인다. 여행을 장려하는 정부의 정책들이 수요에 영향을 미침으로써 생태계의 변화를 가져오듯이, 관광업계에 대한 정부의 지원이나 규제도 공급부문에서 큰 변화를 줄 수 있다. 과거 자주 언급되었던 관광호텔 영세율제도, 관광호텔 전력요금 인하 등도 알게 모르게 생태계의 변화에 영향을 준 바 있으며, 가이드 의무고용제도, 여행상품 판매 약관에 대한 규제 등도 공급부문에서 많은 변화를 가져왔다. 호텔객실 부족에 따라 호텔산업에 대한 투자유인책을 구사한다거나, 러시아 관광객 유치를 위해 한・러 무비자제도를 시행하는 것, 비자발급 절차나 기준의 변경 등이 관광수요 증가에도 커다란 영향을 미친다. 보다 최근의 환경변화 사례는 중국의 여유법 개정인데, 중국이 여행사의 초저가 관광상품 기획과 쇼핑 및 옵션 강요를 금지하자 여행사의 덤핑경쟁이 줄어들고, FIT의 비중이 높아지는 등의 변화가 진행되고 있다.

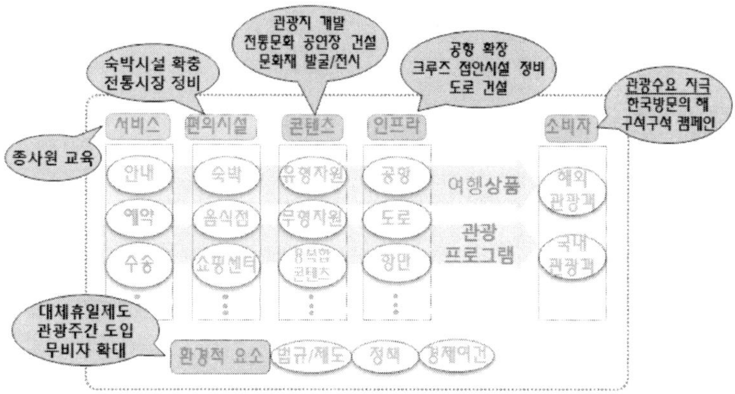

[그림 5] 관광산업 생태계의 변화

이와 같이 관광산업 생태계에서는 수요의 변화가 공급의 변화를 가져오고, 공급의 변화가 수요의 변화를 가져오며, 환경적 요소의 변화가 수요와 공급의 변화를 유도하는 등의 상호작용이 끊임없이 일어나고 있다. 이러한 변화가 생태계의 퇴화가 아니라 발전으로 이어지려면, 어떤 방식으로 변화를 유도해야 하는지를 모색해 보는 것이 이 책의 주된 목적임을 밝혀둔다.

제 2 장

관광산업과 플랫폼 전략

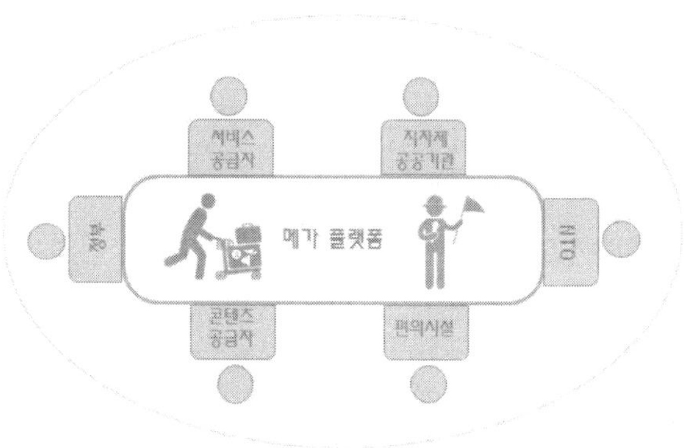

제2장

관광산업과 플랫폼 전략

1. 플랫폼 전략의 의미

앞 장에서 관광산업 생태계의 변화를 공급·수요·환경의 변화로 크게 나누어보았는데, 이에 대응하여 관광산업 발전에 대한 노력 또한 수요·공급·환경 부문으로 나누어 생각해 볼 수 있다. 관광산업 생태계에서 환경적 요소의 변화는 주로 제도나 법률, 경제여건 등에 의한 것이므로 민간부문의 참여 여지가 크지 않으며, 정부가 주 활동주체가 된다. 그러나 공급부문에서 서비스나 편의시설, 관광콘텐츠 등은 민간부문과 공공부문이 모두 관여하는 영역이다. 또한 관광목적지의 이미지 개선분야도 민간부문과 공공부문이 모두 관계되는 영역이라 할 수 있다. 관광이미지 개선분야는 많은 비용이 소요되고 직접적인 수익이 창출되는 영역이 아니므로 공공부문이 주도할 수밖에 없으나, 이미지 개선의 결과를 활용하여 민간부문은 구체적인 상품이나 콘텐츠를 세일즈하는 것이므로 공공부문과 민간부문의 공동영역이라고 할 수 있다. 이런 맥락에서 관광산업 생태계의 발전을 위해서는 공공부문과 민간부문의 공동노력이 필수적이며 민간부문과 공공부문의 협력과 협조를 어떻게 이끌어내느냐가 관광산업 발전의 관건이 된다.

관광산업에서 민간부문과 공공부문의 협력과 협조는 공공부문이 사업의 터전을 닦으면, 민간부문이 그것을 이용하여 사업을 전개하는 방식으로 진행된다. 말하자면 건물의 기초와 골조는 공공부문이 세우지만, 그 건물에서 실제 이뤄지는 활동은 민간부문의 몫이다. 따라서 사용자의 편의를 감안한 제대로 된 건물을 세우기 위해서는 설계시점부터 민간부문과 공공부문의 만남-교류-협력의 장이 형성되어야 한다. 민간부문과 공공부문의 교류-협력은 막연히 만나고 협조하자는 선언이나, 상대방의 의견을 듣겠다는 생각만으로는 충분치 않다. 양측이 가진 장점을 결합시켜 시너지를 내어야 의미가 있는 것이므로, 시너지를 내기 위한 사업방식이나 협력방식이 간단한 문제는 아닐 것이다. 이러한 측면에서 단순히 협력이나 협업을 강조하는 차원을 넘어 하나의 트렌드로서 플랫폼 전략을 내세우고자 한다. 그냥 협력이나 협업을 강조하는 것은 호소력이 떨어진다. 관광산업의 속성상 협력이나 협업이 중요하다면, 협업이나 협력이 일하는 방식으로 정착되고, 시대적 트렌드가 되어야 하기 때문이다.

플랫폼 전략에 대한 관심을 크게 불러 일으켰던, 히라노 아쓰시(Hirano Atsusi)와 안드레이 학주(Andrei Hagiu)의 저서인『플랫폼 전략』(2011, 더숲 발간)에서는 플랫폼 전략을 "관련이 있는 여러 그룹을 '場', 즉 플랫폼에 불러 모아, 관계 형성이나 고객 모집 등 다양한 기능을 제공하고, 검색이나 광고 등의 비용을 줄여, 입소문과 같은 네트워크 효과를 창출하는 것"이라고 정의하였다. 이 설명을 보면 사실 플랫폼 전략이라는 것이 그리 대단한 것도 아니고, 기발한 아이디어도 아니며, 과거부터 존재해 오던 일종의 '일하는 방식'을 설명한 것에 지나지 않는다. 그럼에도 플랫폼 전략을 강조하는 것은, 플랫폼이라는 것이 관광산업의 육성을 위한 공공기관의 사업방식이나 협업, 협력이 무슨 의미인지를 아주 적절하게 설명해 주고 있기 때문이다. 융·복합 내지 융·복합에 의한 창조라는 관광산업의 특성을 볼 때 플랫폼 전략은 관광산업 활성화 노력의 모티브를 제공해 줄 것으로 보인다.

그런데 관광산업이 하나의 산업으로 정의되어 있지만, 그 영역을 구분하기가 쉽지 않은데, 우리나라는 하드웨어 중심으로 경제발전이 이뤄지다 보니, 소프트웨어적 성격이 강한 관광산업은 그 중요성을 인정받지 못하는 측면이 있다. 그러나 관광산업의 영역이 불분명한 또 다른 이유는 관광 자체의 속성에 기인한다. 그 속성이란 바로 관광콘텐츠의 융·복합에 의해 산업의 영역이 끊임없이 변하고 있다는 것이다. 이질적인 것들의 결합으로 새로운 관광콘텐츠가 탄생하다 보니 새로운 산업영역이 생겨나고 그 영역은 기존의 영역과 구분이 모호해질 수밖에 없는 것이다. 관광과 무관하였던 성형이 인기 콘텐츠로 자리 잡은 것이 그 대표적인 예이다. 성형외과의 활동은 의료행위였지만 의료관광이라는 것이 생겨나면서 관광산업의 영역에 새롭게 포함된 것이다. 이와 같이 관광산업은 의료관광의 예에서 보는 바와 같이 융·복합을 통해 새로운 영역이 형성되면서 발전되는 것이다.

의료관광과 같은 새로운 관광콘텐츠가 형성되면, 홍보를 통해 콘텐츠에 대한 수요가 형성되고 나아가 콘텐츠나 관광상품에 대한 거래가 발생한다. 이러한 과정에서 콘텐츠와 관광의 결합, 관광상품이나 콘텐츠의 세일즈 활동은 개별 업체단위로 이뤄지기도 하지만, 공공부문이 주도하는 관광산업 육성노력, 즉 관광산업 생태계 활성화 노력의 영향을 크게 받게 된다. 따라서 관광산업 생태계의 활성화 노력은 공공부문인 정부, 지자체, 관광진흥기구 등과 민간부문인 콘텐츠 공급업자, 여행업계, 편의시설업계 등의 협력과 협조를 통해 진행되며, 민간부분과 공공부문의 협력이 관광산업 활성화 노력의 성공을 좌우하게 되는 것이다.

생태계적 관점에서 보면 관광산업은 관광콘텐츠와 콘텐츠 홍보, 안내서비스 등 다양한 요소들의 상호작용으로 움직이는데, 각 요소들이 상호작용을 한다는 것은 그 요소들을 생산하거나 움직이는 주체들의 만남의 장이 형성되어 있다는 것을 뜻한다. 이 만남의 장이 일종의 플랫폼이며, 플랫폼에 참여한 각 주최들은 플랫폼 참여를 통해 비용을 절감하거나, 신규 고객을 확보하는 등 단독 활동의 경우에 확보할 수 없는 용이한 사업환경을 가지게 된다. 예를 들면 공공부문의 노력으로 한국에 대한 홍보가 강화된다면, 안내서비스를 제공하는 여행사는 홍보비용을 투입하지 않아도 영업기회가 늘어나며, 숙박업체 역시 쉽게 고객을 확보할 수 있고, 상점들은 쇼핑 매출을 올리고, 레스토랑들도 새로운 외국인 고객들을 확보하게 된다.

요즈음 창조경제라는 용어가 자주 등장하고 있는데, 창조경제에서 말하는 협업이나 협력이란 바로 이러한 방식으로 사업영역을 만들고 생태계를 활성화시키는 것을 말한다. 달리 표현하면, 협력의 장인 플랫폼을 형성하여 시너지를 창출하고 새로운 사업영역을 개척해 나가는 것이 플랫폼 전략이며, 최근 공공기관을 대상으로 크게 강조하고 있는 협업 내지 협력이라는 것은 플랫폼 전략을 구사하라는 의미라고도 할 수 있다. 플랫폼 전략을 구사하라, 협업하라, 융·복합을 통해 창조경제를 실천하라는 것은 따지고 보면 모두 같은 맥락의 말인 것이다. 관광산업은 융·복합을 통해 다양화되고 발전하고 있으므로, 협업이나 협력을 통해 또는 플랫폼 전략을 통해 관광과 관련한 융·복합 작용이 원활히 일어나도록 하는 것이 관광산업 발전의 지름길이 아닌가 싶다.

2. 플랫폼과 플랫포머

• 메가 플랫폼

[그림 4]를 통해 관광산업 생태계는 수요와 공급, 그리고 환경적 요소로 구성되어 있음을 살펴보았다. 공급부문은 다시 서비스, 편의시설, 콘텐츠, 인프라 등의 4가지로 구분하였는데, 공급부문에서 벌어지는 활동사례들을 다음과 같이 정리해 볼 수 있다.

- 서비스 부문에서 여행사는 관광객을 대상으로 여행일정 수립, 예약, 관광지 안내 등의 서비스를 제공하고, 차량 대여 영업을 하며, 국제회의 용역업체들은 컨벤션을 기획하고 진행한다.
- 편의시설 분야에서 호텔, 모텔, 도시민박, 한옥스테이 등은 객실을 판매하며, 레스토랑, 카페, 커피숍, 휴게시설 등은 식음료를

판매한다.

- 콘텐츠 분야에서는 고궁・박물관・국립공원・해변 휴양지 등이 관광객에 개방되며, 병원에서는 의료관광, 공연장에서는 점프나 사춤 등의 공연프로그램으로 영업을 한다.
- 인프라 분야에서, 크루즈 관광객을 유치하기 위해 크루즈 접안 시설이 건설되고, 도로・철도・공항 등 관광객 이용시설들이 건설된다.
- 환경적 요소에 대해서는 정부의 역할이 중요하다. 정부는 관광산업에 대한 규제를 파악하여 해소하고, 관광사업체의 운영에 관한 법률을 제정하고 관광업계의 영업활동을 지원하는 제도를 마련한다.

그런데 관광산업 생태계의 발전은 수요의 변화에 크게 영향을 받는다. 관광상품이나 관광콘텐츠의 세일즈는 결국 수요에 의해 좌우되므로, 우리나라를 하나의 관광목적지로 간주한다면 관광목적지 전체에 대한 수요창출 노력이 필요한 것이다. 이를 위해 국가적 차원에서 관광진흥기구인 NTO(National Tourism Organization, 관광공사)를 설립한 것이다. NTO의 핵심 역할인 수요창출은 최종적으로는 관광상품이나 콘텐츠의 세일즈 증가를 유도하는 역할을 한다.

위의 공급, 수요, 환경이라는 생태계의 각 부문에서 활동주최들은 각자의 고유한 역할이 있지만, 활동영역은 모두 관광객의 관광행위를 둘러싸고 전개된다. 눈에 보이지는 않지만, 그들의 활동무대가 정해져 있고, 그 무대 내에서 각자의 역할이 구분되어 있는 셈이다.

여기서 무대란 곧 관광객을 둘러싸고 전개되는 모든 활동들이 이뤄지는 장(場)이며, 그것이 곧 관광산업에서의 플랫폼이다. 관광산업 생태계의 요소들이 이 플랫폼에서 만나서 상호작용을 하고 있는 셈이다. 이러한 역할이나 상호작용들을 단순하게 표현하면 [그림 6]과 같다.

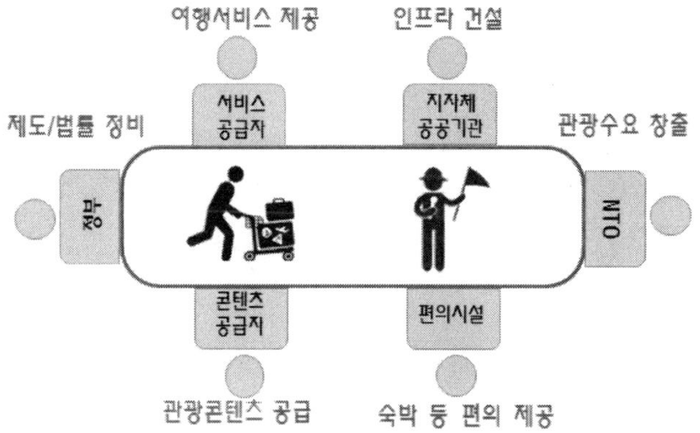

[그림 6] 관광산업에서의 메가 플랫폼

이 플랫폼은 관광산업 전반에 걸쳐 포괄적으로 적용되는 것이므로 일종의 메가 플랫폼이다. 이것은 정부의 주도로 국가적 차원에서 형성되는 것인데, 정부는 관광산업 플랫폼을 형성하여, 관광관련 그룹을 플랫폼에 참여시키고, 그들의 참여를 통해 시너지를 창출하고 산업생태계를 활성화시키고자 노력하고 있는 것이다. 관광산업이 중요 산업인 국가는 이러한 메가 플랫폼의 움직임이 활발할 것이며, 그렇지 않은 국가들에서는 플랫폼이 형성되어 있지 않거나 활동이 미약할 것이다.

• **관광정책의 의미**

관광산업의 메가 플랫폼에서 정부의 역할은 플랫폼을 마련하고 공급부문의 각 주체들을 플랫폼에 참여시키며, 정부 스스로도 플랫폼에 참여하여 환경적 요소를 개선하는 역할을 하게 된다. 즉 정부는 관광산업의 메가 플랫폼에서 플랫포머 내지 플랫폼 관리자인 것이며, 정부가 관광산업 플랫폼을 관리하는 것이 곧 관광정책이 되는 것이다. 관광정책, 즉 메가 플랫폼 관리는 관광산업 발전 초창기에는 외화획득이라는 관점에서 이뤄졌으나, 지금은 일자리 창출과 소득 증가 등 경제적 가치를 중시하는 방향으로 이뤄지고 있다. 시대적 변화에 따라 「관광기본법」과 「관광진흥법」 등 관련 법률을 개편하는 것, 관광분야에 투입되는 예산의 편성, 중앙정부와 지방정부 간의 역할 조정, 관광정책 관련조직의 개편 등의 기능으로 플랫폼의 기능이나 참가자의 역할 등이 변하고 있는 것이다. 현재는 협업과 협력이 강조되는 시대이므로, 플랫폼 참가자들의 협업이나 협력, 시너지를 강조하는 것이 플랫폼 관리방향이라고 할 수 있다. 관광산업과 관련된 정부의 모든 역할이 '플랫폼 전략'이라는 것을 염두에 두고 추진되지는 않았겠지만, 어쨌든 그 방식은 플랫폼 전략을 따라가고 있다.

그런데 플랫폼 관리자인 정부의 역할이 이 메가 플랫폼의 관리에만 한정되지는 않는다. 관광산업 생태계의 구성요소와의 정부의 상호작용을 세부적으로 살펴보면 다음과 같다.

- 관광정책 담당 정부부처는 인프라 개선을 위해서는 도로, 항만 등을 담당하는 타 정부부처와 협력하여야 하며, 관광업계의 영업에 관한 법률 개정, 출입국제도 개선 등과 관련해서도 타 부처의 협조를 구해야 한다.
- 중앙정부는 지방축제의 육성, 지역 인프라 개선 등을 위해 지자체의 협조를 구하고 지자체를 지원해야 한다.
- 관광수요 창출을 위한 홍보활동, 관광정책의 시행 등을 위해 관광진흥기구인 NTO를 설립하고, NTO의 활동을 지원해야 한다.
- 관광객 편의증진, 관광불편사항 처리, 관광여건의 개선 등 여러 가지 사안으로 소비자와도 접촉해야 한다.
- 타당성 있는 관광정책을 수립・시행하기 위해서 정부는 지자체, NTO, 관광업계의 의견을 수렴해야 한다.

이러한 기능이나 역할은 관광정책의 각 분야별로 정부와 이해관계자들이 특정분야의 플랫폼에 참여하고 있다는 것을 의미한다. 따라서 메가 플랫폼은 하나의 단순한 플랫폼이 아니라 다양한 하위 플랫폼으로 이뤄져 있다고 할 수 있다. 하위 플랫폼은 특정한 분야에서의 만남의 장(場)으로 마련되었으며, 이 플랫폼들이 모여 메가 플랫폼을 형성하고 있는 셈이다. 특정 분야에서의 플랫폼이 작동되면, 그러한 플랫폼들이 모여 큰 플랫폼을 형성하게 되는 구조임을 알 수 있는데, 정리하면 [그림 7]과 같을 것이다.

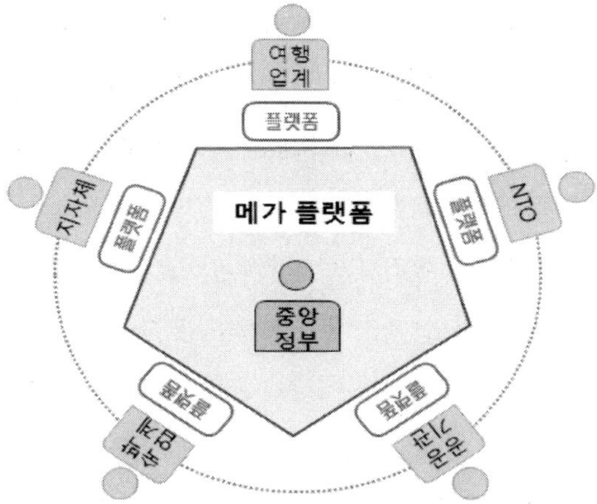

[그림 7] 메가 플랫폼과 하위 플랫폼

그런데 여기서 만남의 장, 협력의 장은 어떻게 만들어지는가? 일단은 플랫폼 참여자들이 상호작용할 수 있는 협의체, 회의 또는 협력을 규정하는 계약이나 제도 등에 의해 형성된다. 각자의 역할과 장점을 공유하고, 협력을 이끌어내어 시너지를 창출하게 되는데, 장점을 공유하고, 협력을 이끌어내려면 어떠한 형식이건 상호작용이 있어야 하는 것이고, 그 상호작용은 플랫폼을 통해 이뤄지는 것이다. 따라서 플랫폼 전략이란 관광산업 생태계의 이해관계자들(생태계 구성요소)이 원활하게 상호작용을 할 수 있도록 협력하고 협조하여 시너지를 창출하도록 유도하는 방식이라고 할 수 있다. 개별 플레이가 아니라 플랫폼 참여자들 각자가 가진 장점을 상호 활용하여 공존하고 공생하는 산업생태계를 형성하는 것이다. 이렇게 본다면 플랫폼은 실존하는 협력의 장을 말하며, 플랫폼 전략이란 곧 협력에 의해 시너지를 만들어내는 방식을 의미한다.

• 플랫포머로서의 NTO

한편 메가 플랫폼에서는 정부가 플랫폼 관리자이지만 관광산업의 모든 영역에 정부가 관여하는 것이 효율적이지는 않을 것이다. 따라서 정부를 대신해 관광산업 진흥을 추진하는 조직을 운영하는 것이 일반적인데, 이 조직이 앞서 언급한 관광진흥기구인 NTO(National Tourism Organization, 관광공사 또는 관광위원회 등을 포괄적으로 지칭)인 것이다. 이 NTO 조직은 관광산업 생태계에서 정부의 역할을 대행하고 관광정책을 현장에서 시행하는 기능을 한다. NTO는 관광산업 생태계 전반에 걸쳐 다양한 역할을 수행하고 있지만, NTO의 주요 기능이 관광수요 창출과 관광콘텐츠 개발이다. 따라서 NTO는 관광산업 메가 플랫폼의 참여자(관광수요 창출자)인 동시에 관광수요 창출과 콘텐츠 개발을 위한 하위 플랫폼의 운영자(플랫포머)가 되는 것이다. (참고로 우리나라의 NTO는 한국관광공사이다. 한국관광공사는 「한국관광공사법」(법률 제1060호, 1962년 제정)에 의해 설립되었으며, 동 법에는 한국관광공사의 설립목적과 기능, 주요 사업 등이 명시되어 있다.)

NTO는 관광산업의 이해관계자(즉, 관광산업 생태계 구성요소)들과 다양한 플랫폼을 형성하며, 생태계 활성화를 추구한다. 위에서 예를 든 굿스테이 플랫폼은 우리나라의 NTO인 한국관광공사(KTO)가 숙박문제 해결을 위해 구축한 숙박공급 플랫폼의 하나이며, 중저가 호텔체인인 베니키아도 한국관광공사가 플랫포머인 중저가 숙박

브랜드 구축 플랫폼이다. 이와 같이 관광산업의 메가 플랫폼에서 플랫포머(플랫폼 관리자)가 정부이듯, NTO도 다양한 하위 플랫폼의 관리자 역할을 담당하고 있다. 플랫포머로서의 NTO의 조직과 기능 등에 대해서는 뒷부분 제8장, 제9장에서 자세하게 살펴보겠다.

3. 플랫폼 구축사례

위에서 살펴본 메가 플랫폼은 관광산업의 움직임을 거시적 차원에서 단순화시켜 살펴본 것이다. 그런데 수요나 공급, 환경적인 요소에 보다 세부적으로 접근해 보면 보다 구체적인 모습의 플랫폼들이 작동하고 있음을 알 수 있다. 의료관광의 경우 어떻게 플랫폼이 작동하고 있는가를 살펴보자.

- 의료기관들은 외국인용 건강검진 프로그램을 개발하고 의료장비를 도입하며, 외국어가 가능한 의료진을 확보한다.
- 한국관광공사는 의료관광 코디네이터 교육을 실시하며, 의료관광센터를 통해 홍보활동을 전개한다. 홍보활동에는 한국을 의료관광의 메카로 소개하는 광고, 홍보이벤트, VIP 고객 팸투어 등을 말한다.
- 보험회사는 외국인 의료관광객의 의료사고에 대비하기 위한 보험상품을 개발한다.
- 여행사는 의료관광객의 한국방문을 진행하고, 진료 전후의 여행프로그램이나 동반가족을 위한 여행프로그램을 구성하여 판매

한다.

- 정부는 의료관광 관련 비자제도, 의료법 등을 마련한다.

이 플랫폼은 [그림 8]로 단순화시켜 표현할 수 있다. 의료관광 출발 초기에는 관광공사가 리서치를 통해 의료관광의 필요성을 제시하였고, 병원과 정부기관이 참여하는 협의체를 구성하는 방식으로 플랫폼을 구축하였다. 관광공사는 해외지사를 통해 해외에서 한국을 의료관광의 목적지로 홍보하였는데, 초기단계의 건강검진에서 출발하여 지금은 중증환자의 치료나 미용, 성형 등 다양한 영역으로 의료관광을 발전시키고 있다. 이 의료관광 플랫폼에서 관광공사는 플랫포머 역할을 하지만 동시에 플랫폼에 참여하여 홍보기능을 담당하고 있는 셈이다.

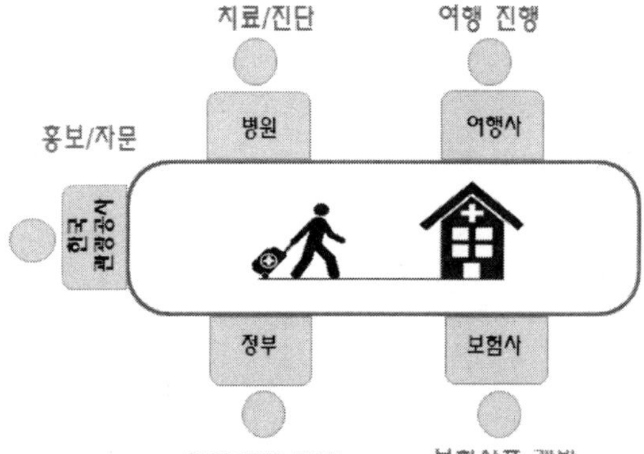

[그림 8] 의료관광 플랫폼

병원이나 여행사, 보험사들이 의료관광 플랫폼에 참여하는 것은 무슨 이유일까. 이유는 간단하다. 플랫폼 참여자가 개별적으로 활동하는 것보다 플랫폼에 참여하여 활동하는 것이 유리하기 때문이다. 병원 입장에서는 외국인 의료관광객이라는 신규 고객을 확보하게 되며, 여행사도 새로운 고객을 확보하여 수입원이 생기며, 보험사도 신규상품을 개발·판매함으로써 새로운 수입원을 개발하게 된다. 여행사 단독으로 의료관광객 판촉활동을 전개할 경우 그 비용을 감당하기 어려울 것이다. 병원이 직접 해외환자를 유치한다면, 비용도 비용이지만 어디로 가서 어떻게 해야 할지 막막해지는 것이다. 플랫폼 참여자들의 개별적인 활동으로는 의료관광이라는 것이 성립되기 어려울 것이며, 플랫폼 참여자들 각자가 보유한 노하우를 플랫폼에 쏟아내어 의료관광이라는 새로운 사업영역을 만들어낸 것이다.

위의 의료관광 플랫폼은 참여자가 다수인 경우인데, 아주 단순한 구조의 플랫폼도 얼마든지 가능하다. 중저가숙박업 브랜드인 굿스테이의 경우를 살펴보자. 굿스테이는 중저가 숙박업소의 부족으로 가족단위 관광객이나 외국인 관광객들에게 건전하면서도 저렴한 숙박을 공급한다는 취지로 시작되었다. 플랫폼 참여자는 모텔들과 한국관광공사인데, 각 참여자의 역할은 아래와 같다.

- 모텔들은 러브호텔의 이미지를 지우고 새로운 사업영역을 개척하기 위해 시설을 개선하고 굿스테이라는 브랜드로 영업을 한다.
- 관광공사는 굿스테이를 홍보하고 예약시스템을 만들어 영업을 지원하며, 서비스 표준 매뉴얼을 개발하고, 굿스테이 가맹 규칙

을 제정한다.

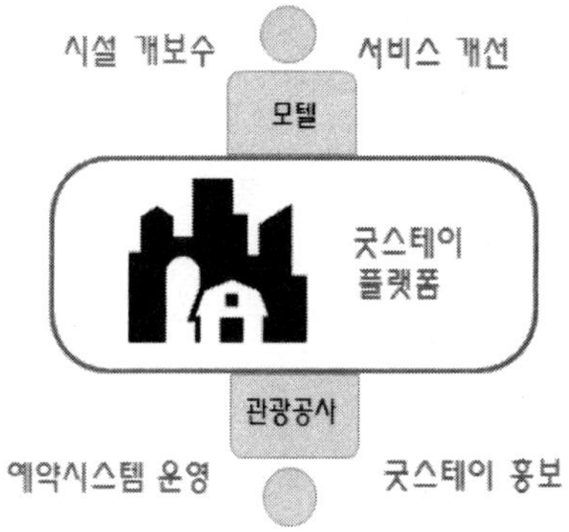

[그림 9] 굿스테이 플랫폼

굿스테이는 참여그룹이 두 개인 아주 간단한 플랫폼 구축사례이다. 플랫폼의 작동원리는 아주 간단하지만, 이 플랫폼 참여자들이 갖는 혜택은 결코 적지 않다. 모텔이 전국을 대상으로 홍보를 하기에는 여력이 부족하며, 개별업체가 가질 수 있는 홍보수단도 극히 제한적이다. 그러나 굿스테이 플랫폼의 관리자인 관광공사에서는 굿스테이 사이트를 운영하여, 다양한 채널을 통해 전국에 굿스테이를 노출시키고, 관광홍보물에 광고를 게재한다. 관광공사에서 발간되는 모든 홍보물에 굿스테이가 소개되어 해외 20여 개국으로 배포된다. 참여업체에는 굿스테이라는 브랜드명이 부여되므로, 굿스테이 마크는 양질의 숙박업소라는 것을 보증해 주는 인증마크가 된다. 이 플랫폼을 통해 굿스테이 업체들은 홍보비용 절감, 운영의 노하우 확보 등 다양한 혜택을 누리게 되는 것이다.

굿스테이 플랫폼에 참여하면 굿스테이 업체 단독으로는 만들기 어려운 새로운 가치가 창출되므로 플랫폼 참여자가 늘어나게 된다. 그러나 플랫폼 참여자의 수준이 떨어지면, 굿스테이 업체도 고객들로부터 외면당하게 되고 플랫폼의 존재 가치가 떨어진다. 이러한 경우를 대비해 플랫폼 관리자는 플랫폼 활동규칙을 만들게 되는데, 굿스테이 플랫폼의 경우에 적용되는 규칙이란 일정 수준의 서비스나 시설을 유지해야 하는 것이다. 만약 특정 참여자가 의무사항을 준수하지 못할 경우에는 다른 참여자를 위해 문제의 업체를 퇴출시킴으로써 플랫폼의 품질을 유지하게 되는 것이다. 굿스테이와 같은 플랫폼 방식은 호텔체인인 베니키아, 한옥스테이, 민박 등 다양한 분야에 적용되어 성공을 거두고 있다.

이와 같이 관광산업에서는 이미 다양한 플랫폼들이 존재하고 있으며, 정부 또는 정부를 대신하여 NTO가 새로운 영역의 플랫폼들을 만들어가고 있다. 물론 모든 플랫폼들이 성공을 하고 관광산업의 새로운 영역이 개척되는 것은 아니다. 과거, 호텔종사원을 양성하여 관광호텔에 인력을 공급하던 호텔학교라는 관광종사원 양성 플랫폼은 그 기능을 다하여 사라지게 되었다. 1990년대 관광환경 개선활동의 대표격이었던 '깨끗한 화장실 만들기' 캠페인은 NTO와 지자체, 민간부문이 참여하는 플랫폼 형식으로 운영되다가 현재는 완전히 민간차원의 운동으로 넘어간 상태이다. 이와 같이 관광산업 영역에서는 시대적 흐름에 따라 다양한 플랫폼이 탄생하고, 발전하고 또한 사라지고 있는 것이다.

제**3**장

외래관광객 유치 플랫폼

1. 관광객의 의사결정 프로세스
2. 외래관광객 유치 플랫폼의 형성
3. 브랜드 마케팅

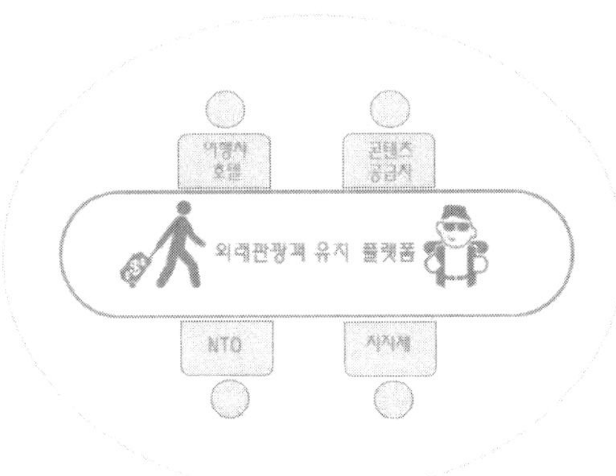

제3장

외래관광객 유치 플랫폼

관광산업 생태계에서 환경적 요소들은 수요 및 공급부문(콘텐츠, 편의시설, 서비스, 인프라)이 활발하게 움직일 수 있는 여건을 조성하는 역할을 한다. 환경적 요소에는 관광산업과 관련된 각종 `법규나 제도가 포함되는데, 환경적 요소에 없어서는 안될 것이 관광진흥기구, 즉 NTO(관광공사, 관광위원회 등 다양하게 표현됨)이다. NTO는 관광에 대한 국가의 정책을 현장에서 실행한다는 관점에서 다양한 기능을 수행하고 있지만, 가장 중요한 기능은 관광산업 생태계를 위한 수요창출기능이다. 앞서 관광산업의 메가 플랫폼에서 언급되었지만, 관광업계가 메가 플랫폼에 참여하는 이유는 여러 가지 혜택이 주어지기 때문인데, 가장 중요한 혜택은 바로 NTO의 활동에 의해 관광목적지에 대한 수요가 만들어진다는 것이다. 눈에 보이지는 않지만, 수요창출이라는 중요한 기능은 관광사업체 단독으로 해결할 수 없는 부분이므로, 국가적인 차원의 비용으로 NTO가 해결해 주고 있다고 할 수 있다. 이 장에서는 NTO의 수요창출기능을 외국인 관광객 유치 플랫폼을 통해 설명해 보고자 한다.

1. 관광객의 의사결정 프로세스

관광객의 내면에 여행욕구 즉 수요가 발생하여 여행을 감행하기까지의 과정은 눈에 보이지는 않지만 여러 단계의 심리적 변화와 선택의 과정을 거치게 될 것이다. [그림 1]에서 간략한 설명이 있었지만, 관광수요의 발생과정을 설명하기 위해 관광객의 여행의사 결정과정을 보다 상세하게 살펴보고자 한다. 여행을 소비하는 과정에서 관광객의 내면에 일어나는 과정은 여러 가지 방식으로 표현할 수 있는데, 캐나다 관광공사(CTC, Canadian Tourism Commission)는 여행의사 결정과정을 [그림 10]과 같이 나타내고 있다. 잠재관광객이 여행목적지를 인지하게 되고, 선호도가 생기면 자신의 여행대상 리스트에 올려두게 된다. 여행대상 리스트에 올라 있는 목적지들을 비교평가하여 나름의 여행계획을 세우고 일정이 확정되면 실제 예약(구입)단계에 들어가고 여행을 감행하게 된다는 설명이다.

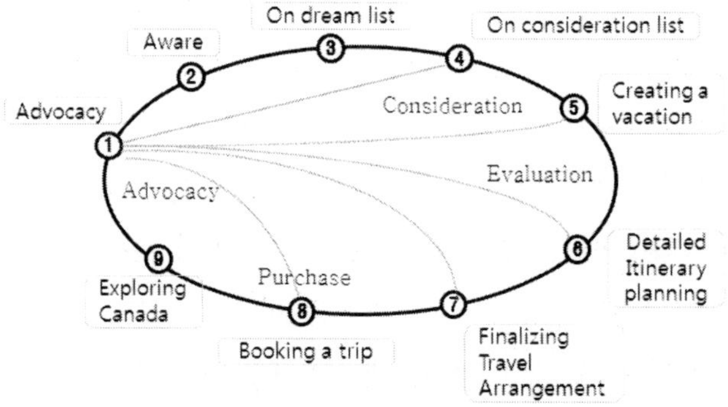

출처: 2013-2017 CTC Corporate Plan

[그림 10] CTC의 'Path to Purchase' 모델

캐나다 관광공사와는 다른 방식이지만, [그림 11]과 같은 '방문단계곡선'을 통해서도 소비자(관광객)가 관광목적지를 인식하고 방문하게 되는 과정을 표현할 수 있다. [그림 11]을 보면, 시장에서 한국을 인지하는 인구는 많지만, 한국을 관광목적지로 인식하거나, 한국을 선호하는 인구는 훨씬 적다. 나아가 한국으로의 여행을 고려하거나 한국을 직접 방문하는 인구는 전체 시장의 규모에 비해 아주 적은 규모일 것이다. 방문단계곡선은 소비자 행동변화의 프로세스 보다는 시장에서 단계별 행동을 보이는 소비자 집단의 크기(인원)를 설명하는 것에 초점이 맞춰져 있다. 그러나 이것으로도 시장의 소비자들은 한국관광 홍보활동에 노출되면, 한국을 인지하고 한국을 관광목적지로 인식하며 최종적으로는 한국을 방문하는 과정을 거치게 되는 것을 표현할 수 있는 것이다.

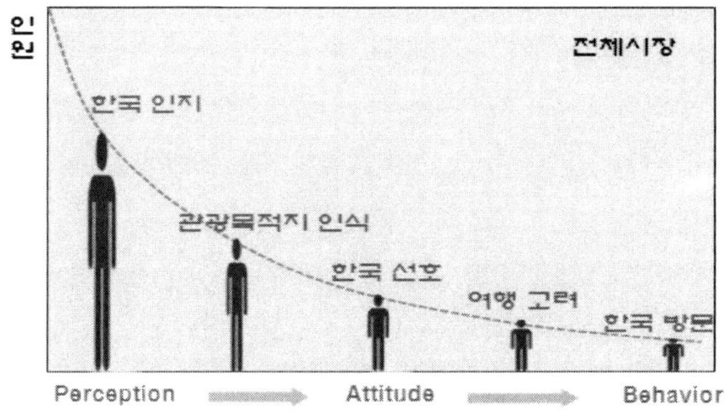

[그림 11] 방문단계곡선

이와 같은 내용들을 종합하여 관광객의 여행실시 과정을 보다 구체적으로 표현해 보면 [그림 12]와 같다. 관광객은 여행욕구 발생을 거쳐 관광목적지 인지, 여행정보 수집 등의 과정을 통해 여행을 감행하게 된다는 것이다. 물론 모든 관광객이 [그림 12]와 같은 과정을 거친다고 할 수는 없으나, 일반적인 경우임을 가정하여 설명하고자 한다.

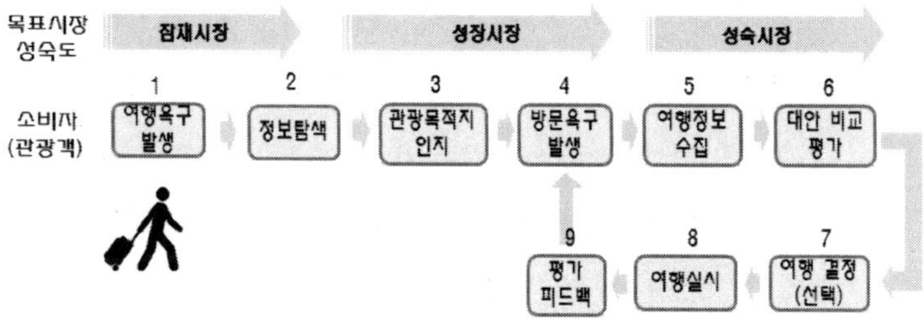

[그림 12] 관광객의 의사결정 단계와 시장 성숙도

- 1단계(여행욕구 발생): 시간과 돈이 생기고, 휴식에 대한 욕구, 타국 여행에 대한 욕구, 이국적 풍경에 대한 욕구 등이 발생하는 단계이다. 그러나 특정 관광지(국가 또는 특정 지역의 목적지)를 관광목적지로 인식하지 않고 있는 단계이다.
- 2단계(정보탐색): 인터넷, 여행사 카탈로그, TV, 여행책자, 친구나 지인들의 경험담 등에 의존해 관광목적지를 탐색하는 단계이다.
- 3단계(관광목적지 인지): 어떠한 계기로 어느 특정 관광목적지의 존재를 알게 되는 단계이다. 시장의 관점에서 보면 목표시장

에서 관광목적지로서의 인지가 이루어지고 있으나, 아직 선호도는 높지 않은 시장에 해당된다.

- 4단계(방문욕구 발생): 특정 관광목적지를 방문하고픈 욕구가 발생하는 단계이다. 자신의 여행욕구를 충족시킬 수 있는 것들이 존재하는 목적지로 인지하고, 언젠가는 반드시 여행하고픈 대상으로 꼽고 있는 단계이다.
- 5단계(여행정보 수집): 정보수집의 단계에서는 여행욕구를 실행하기 위해 여행정보를 찾는 단계이다. 인터넷, 여행사, 주변의 동료 등을 통해 관광목적지에 대한 주체적인 정보를 수집한다. 패키지, 개별방문, 교통편, 숙박 등 다양한 정보를 수집하는 단계이다.
- 6단계(대안 비교): 정보수집 단계를 거치면서, 실제 여행을 감행하기 전에 다른 대안이 없는가를 고민하고 다른 목적지나 프로그램과 비교해 보는 단계이다. 가고 싶은 곳은 미국이지만 비용이나 시간 측면에서 동남아, 가족은 하와이를 희망하는 등의 다양한 변수로 고민하는 단계이다. 특정 목적지에 대한 정보를 수집하고 다른 목적지와 비교하는 정도라면 성숙그룹 또는 성숙시장에 속한다고 볼 수 있다.
- 7단계(여행결정/선택): 여러 가지 대안들을 비교한 결과 최종적으로 특정 목적지를 선택한 것이다. 이 과정에서 비로소 거래가 발생하는데, 패키지 이용자라면 여행사를 접촉할 것이며 개별관광객이라면 직접 일정을 짜고 호텔이나 항공권 등을 예약하게 된다.
- 8단계(여행실시): 어느 관광목적지에 대해 여행을 실시하는 단

계로서, 여행을 소비하는 소비행위가 이뤄지는 단계이다.

- 9단계(피드백): 여행을 마치고 피드백이 이뤄지는 단계이다. 만족하였다면, 입소문을 내는 등 네트워크 효과를 발생시키는 단계이며, 재방문 여부도 결정하게 된다.

2. 외래관광객 유치 플랫폼의 형성

[그림 12]를 개인차원의 의사결정이 아니라 하나의 시장차원의 의사결정이라고 가정해 보자. 특정 목표시장에서 [그림 12]의 '관광목적지 인지' 혹은 '방문욕구 발생' 등의 단계에 있는 인구가 많은 곳은 성장시장이 될 것이며, '여행정보 수집'이나 '대안 비교' 단계의 인구가 많은 곳은 성숙시장이 될 것이다. 관광마케팅 활동을 수많은 개인을 대상으로 펼칠 수는 없으므로, 개인적 차원의 의사결정 단계를 시장 전체로 확대하여 대응할 수밖에 없다. 따라서 이 책에서는 소비자의 행동이나 의사결정 단계가 곧 시장성숙의 정도라는 가정하에 외래관광객 유치 활동을 설명하게 된다.

외래관광객을 유치하는 노력은 어떻게 진행되는 것인가? 우선 우리나라를 하나의 관광목적지라고 가정하면, 한국을 인식하지 못하거나, 한국 선호도가 낮아 수요가 부족한 시장을 대상으로 수요를 만드는 활동이 선행되어야 한다. 이 단계의 활동을 '브랜딩'(브랜드 전파활동을 뜻하는 브랜드 커뮤니케이션과 브랜딩이라는 용어는 혼용되고 있음)이라고 하는데, 광고, 언론 홍보, 이벤트 등을 통해 한국에 대한 브랜드 이미지를 형성하거나 한국이라는 브랜드가 추구하는 이미지로 소비자를 유도하는 활동들을 말한다. 이 활동의 목적은 관광목적지로서의 한국에 대한 호감도나 충성도를 높여서 최종적으로는 방한상품이나 한국의 관광콘텐츠에 대한 세일즈를 증대시키는 데 있다. 방한상품이나 관광콘텐츠에 대한 판촉활동(세일즈) 전 단계에서 기본적인 방한수요를 형성시키면, 그 방한수요가 관광상품의 판매나 개별 방한으로 이어진다는 원리이다. 이러한 과정을 한마디로 요약하면 외래관광객 유치활동은 시장선택-브랜딩-세일즈-웰커밍으로 연결되는 하나의 커다란 프로세스이다. 리서치를 통해 시장을 분석하며, 목표시장을 선택해 공략방안을 마련하여 브랜딩 활동을 전개하여 수요를 만들며, 세일즈 활동을 통해 실질적인 방한이 이뤄지면, 방한객 대상의 웰커밍(환대) 활동이 이어지는 것이다. 이러한 과정을 관광객의 의사결정 단계를 기준으로 표현하면 [그림 13]과 같이 나타낼 수 있다.

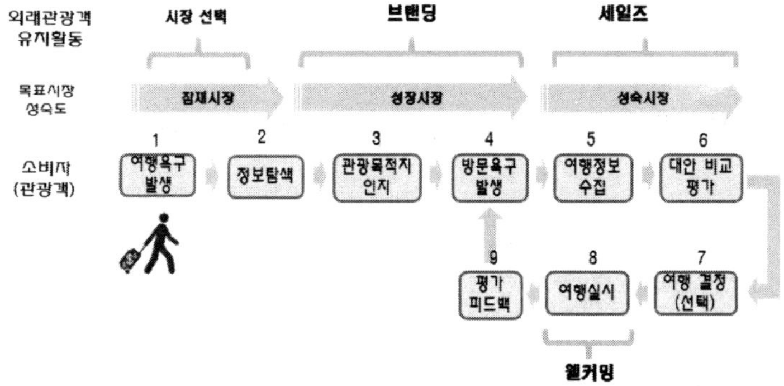

[그림 13] 시장 성숙도와 외래관광객 유치활동

- 시장선택은 R&D 활동의 결과를 바탕으로 송출시장으로서의 잠재력이 큰 곳을 파악하여 공략대상 시장으로 선택하는 것이다.
- '브랜딩(브랜드 커뮤니케이션)'은 '한국'이라는 관광목적지를 인지하지 못하거나 선호도가 낮은 시장(소비자 집단)을 대상으로 한국에 대한 선호도를 높이고 한국이 근사한 곳임을 알리는 데 주안점을 둔다. 향후 성장 잠재력이 큰 시장에 브랜드 커뮤니케이션이 집중된다. 브랜딩 활동은 스마트폰의 경우를 비유하자면, 기기 제조사나 통신사의 브랜드 홍보활동에 해당되며, 대리점들의 판촉활동과는 구분된다.
- '세일즈' 활동은 브랜드 커뮤니케이션 활동의 결과로 한국방문수요가 형성되어 있는 시장을 대상으로 진행된다. 패키지 상품의 판매나, 구체적인 콘텐츠를 홍보하고, 한국방문에 관한 정보를 제공하여 개별관광객이 여행일정을 세울 수 있도록 해주는 것들이다. 한국 방문수요가 충분히 존재하여, 방한상품을 판촉하면 판매가 발생하는 것으로, 스마트폰의 경우 제조사나 통신사의 브랜드 홍보가 아니라 판매 대리점의 판촉활동이 여기에 해당된다.
- '웰커밍' 활동은 한국을 방문한 관광객들을 환대하는 활동들이다. 만족도를 높임으로써 향후 재방문을 유도하고, 구전효과를 창출하도록 하기 위함이다.

[그림 13]에서 관광 홍보 프로세스를 시장선택–브랜딩–세일즈–웰커밍 등의 4단계로 크게 나누어보았다. 외래관광객의 유치를 위

한 활동에서 브랜딩 활동은 NTO, 세일즈 활동은 관광업계, 웰커밍 단계에서는 각 지방정부의 역할이 가장 중요한데, 각 단계별 사업주체들의 역할을 구분하면 [그림 14]와 같다. [그림 14]에서는 관광객의 여행의사 결정 단계의 첫 부분인 '여행욕구 발생'과 '정보탐색'을 '여행 탐색'으로 축약하였다.

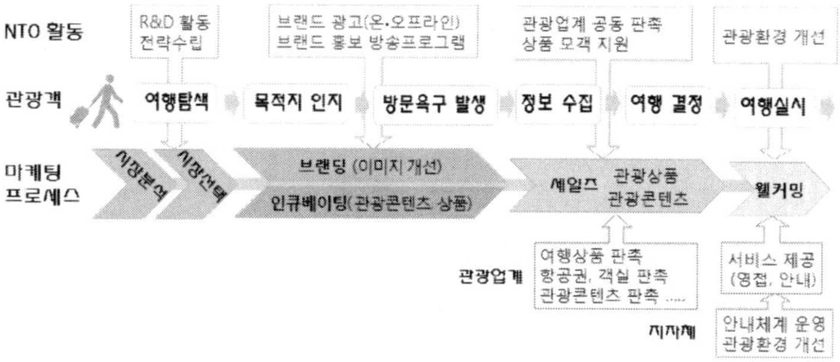

[그림 14] 외래관광객 유치 프로세스별 활동 내용

- 외래관광객 유치활동의 프로세스는 시장선택 ⇒ 브랜딩 ⇒ 세일즈 ⇒ 웰커밍 순으로 진행된다. (콘텐츠 발굴과정인 인큐베이팅은 국내에서 주로 일어나는 활동이며, 세일즈와 연결된 활동이므로 별도로 구분하지 않았음)
- NTO 활동의 핵심은 이미지 광고, 언론인 초청, 한국 홍보 이벤트 등을 통해 관광목적지로서의 한국의 이미지를 형성시켜 관광목적지에 대한 기본적인 관광수요를 만드는 브랜딩 활동이다.
- 해외시장에서의 NTO 활동의 핵심이 브랜딩이라면, NTO가 국내

에서 전개하는 활동이 인큐베이팅이다. 인큐베이팅이란 관광거리나 관광소재로서의 잠재력이 있는 것을 골라 관광콘텐츠로 키워나가는 것을 말한다. 키우고자 하는 관광콘텐츠를 패키지 상품으로 개발하는 것도 인큐베이팅의 일환이다.

- 관광업계의 활동은 세일즈 단계에 집중된다. 여행업계는 방한상품을 판매하고, 관광콘텐츠 공급자는 관광프로그램의 형태로 콘텐츠를 판매하게 된다.
- 지자체 활동의 핵심은 관광불편사항을 해소하는 것인데, 불편해소를 위해 안내소를 운영하고, 관광관련 시설들을 개선한다.

[그림 14]를 통해 보면 외국인 관광객 유치활동의 프로세스에서 핵심역할을 하는 NTO, 관광업계, 지자체는 하나의 플랫폼에 참여하고 있는 셈이다. 여행업계나 콘텐츠 공급업자들은 NTO의 수요창출 활동에 의해 생성된 방한수요를 이용하여 세일즈 활동을 전개하게 된다. 민간부문의 개별업체가 할 수 없는 수요창출기능이 플랫폼에서 제공되고 있는 셈이다. 이 플랫폼이 [그림 15]로 나타낸 외래관광객 유치 플랫폼이며, NTO는 시장선택과 수요창출기능 등 플랫폼의 핵심기능을 담당하는 플랫포머가 되는 것이다.

[그림 14]의 외래관광객 유치 프로세스에서 브랜딩과 인큐베이팅 기능은 NTO가, 세일즈기능은 관광업계가, 웰커밍 기능은 지자체가 담당하는 것으로 되어 있는데, 이들이 곧 외래관광객 유치 플랫폼에서 각 주체가 하는 역할인 셈이다. 따라서 외래관광객 유치 플랫폼

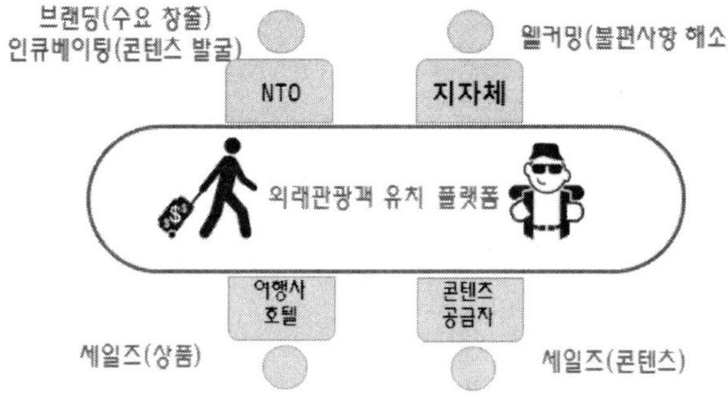

[그림 15] 외래관광객 유치 플랫폼

의 참여자는 외래관광객 유치 프로세스에서 브랜딩, 세일즈, 웰커밍 활동을 주도하는 주체들인 셈이다. 외래관광객 유치 플랫폼과 마케팅 프로세스를 연결시키면 [그림 16]과 같다.

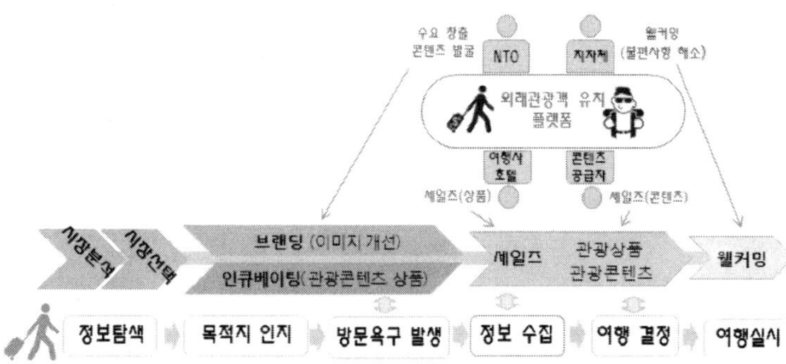

[그림 16] 마케팅 프로세스와 외래관광객 유치 플랫폼

더불어 외래관광객 유치 플랫폼에서 NTO가 브랜드 마케팅을 통해 수요를 창출하는 것은 위에서 언급한 관광산업의 메가 플랫폼에서 수요를 창출하는 기능을 말한다. 따라서 외래관광객 유치 플랫폼은 관광산업 메가 플랫폼의 일부를 구성하는 하위 플랫폼이라고 할 수 있다.

• 마케팅 모듈과 마케팅 캘린더

[그림 14]에서 살펴본 바와 같이 관광마케팅 활동의 프로세스는 시장분석-시장선택-브랜딩-세일즈-웰커밍-피드백이라는 과정으로 이뤄진다. 이 프로세스는 시장성숙도에 대응해 전개되는데, 잠재시장에서 출발하여 수요가 형성되고 방문욕구가 발생하는 곳은 성장시장으로서 브랜딩 활동이 집중적으로 펼쳐지는 지역이다. 관광목적지에 대한 구체적인 방문정보를 탐색하고 세일즈가 증가하는 곳은 성숙시장이라고 할 수 있으며 방문객 송출이 가장 활발하게 이뤄지는 곳이다. 세일즈가 위축되고 수요가 줄어드는 곳은 쇠퇴시장이라고 할 수 있는데, 쇠퇴시장에 대해서는 다시 브랜딩 활동을 전개하여 이미지를 변화시켜 새로운 성장시장으로 재설정하기도 한다.

그런데 한 개의 시장을 두고 볼 때, 관광마케팅 활동은 시간의 흐름으로 보면 브랜딩에서 출발하여 세일즈, 웰커밍이라는 프로세스로 진행되지만, 브랜딩 활동을 보다 세부적으로 살펴보면 온・오프라인 광고, 방송프로그램 제작, 특집기사 보도, 이벤트 개최 등 다양한 방법이 동원된다. 향후 3~4년간 공략할 핵심시장을 선택하였을 경우, 그 시장에 대해서는 시계열상으로 브랜딩 광고, 언론인 초청, PR, 파워블로거 초청, 상품개발 등의 활동이 순차적으로 진행된다. 이와 같이 NTO는 다양한 방법들을 전략적으로 선택하여 마케팅 캘린더 형태로 적용시키면서 시장을 공략하게 된다.

일반적으로 국가를 단위로 하는 큰 시장을 공략할 경우, 어느 특정 시점의 NTO 활동은 브랜딩 광고, 언론인 초청 등 여러 가지 마케팅방법들을 조합시키게 된다. 예를 들어 성숙시장에 대해서는 기존의 세일즈 활동과 새로운 이미지 형성을 위한 브랜딩 활동이 동시에 전개된다. 즉 브랜딩을 위한 활동들과 세일즈 활동들이 모듈식으로 다양한 조합을 이뤄 시장공략에 적용되는 것이다. 외래관광객 유치 플랫폼에서 마케팅 캘린더나 마케팅 모듈의 조합이 곧 NTO의 마케팅 플랜이며, 그것을 통해 플랫폼에 브랜딩과 인큐베이팅, 세일즈라는 기능이 제공되는 것이다. 효과적인 마케팅 캘린더와 모듈의 구성능력이 NTO의 핵심역량 중 하나이며, 이를 위해 각국의 NTO들은 시장의 흐름을 파악하고 효과적인 마케팅방법을 선택하는 R&D기능을 강화하고 있다.

3. 브랜드 마케팅

외래관광객 유치 플랫폼에서 각 참여자들의 활동은 하나의 프로세스로 연결되어 있으므로 일관성을 유지하는 것이 중요하다. 여기서 일관성이란 우리나라로 치면, 한국관광이 주는 느낌의 일관성을 말하는데, 한국에 대한 이미지, 실제 한국을 여행하면서 받는 느낌 등이 일관성이 있어야 소비자들에게 관광목적지로서의 한국의 이미지가 빠르고 정확하게 형성된다는 의미이다. 한국에 대한 브랜딩 활동이 소비자의 여행의사 결정단계 중 앞부분의 방문욕구를 발생시키는 데 집중되지만, 해당 관광목적지를 실제 방문하였을 때, 평소 가졌던 브랜드 이미지를 실제로 느낄 수 있도록 하는 것이 중요하다는 의미이다. 이런 면에서 외래관광객 유치 플랫폼은 플랫폼 참여자들의 활동들이 전략적으로 일관성을 갖도록 하는 것이 성공의 관건이라고 할 수 있다. 플랫폼 참여자들의 활동이 '한국'을 하나의 관광목적지 브랜드로 보고 시장에서의 한국브랜드에 대한 충성도를 높이는 것에 포인트가 맞춰지면 그것이 곧 국가적 차원의 브랜드 마케팅이 될 것이다.

용어에 대한 정의는 다를 수 있겠지만, 브랜드 마케팅은 외래관광객을 유치하기 위해 시장선택-브랜딩-세일즈-웰커밍이라는 거시적인 관점의 마케팅을 진행하는 방법이며, 그것은 외래관광객 유치 플랫폼을 통해 펼쳐지는 것이다. 물론 브랜드 마케팅의 프로세스는 시장의 성격에 따라 달라지게 되는데, 한국에 대한 선호도가 높은 곳에서는 브랜딩보다는 세일즈 활동에 주안점을 둘 것이며, 한국을 식상해 하는 시장에 대해서는 새로운 관점의 브랜딩 활동이 펼쳐지는 것이다. 이 과정에서의 브랜딩 활동의 포인트는 한국의 존재를 알리는 것과 한국에 관한 고정관념을 바꾸고 이미지를 좋게 형성시키는 것이다. 어떠한 경우이든 우리나라에 대해 보다 환상적인 이미지를 가지게 된다면 한국을 방문할 가능성이 높아지므로, 브랜딩 활동이 세일즈 활동을 가능케 하는 수요창출의 시발점이 되는 것이다.

• **관광목적지 브랜드**

앞의 외래관광객 유치 플랫폼에서 NTO, 관광업계, 지자체 등 각 활동주체들의 일관성 유지가 중요함을 강조한 바 있다. 여기서 일관성이란 관광목적지로서의 한국이 주는 느낌, 한국관광이 주는 경험이 일관성이 있어야 한다는 것인데, 그것은 관광목적지로서의 한국이 추구하는 한국관광 브랜드 전략을 준수함으로써 가능할 것이다. 관광브랜드를 기준으로 행동해야 일관성이 유지되고, 외래관광객 유치 플랫폼은 효과를 발휘할 것이다. 이렇게 보면, 관광브랜드란 NTO만의 문제가 아니라 NTO, 관광업계, 지방정부 등 플랫폼 참여자 모두가 준수해야 할 관광마케팅에 관한 국가적 차원의 전략이자 행동기준이 되는 것이다. 우리나라 NTO가 중국에서 '세련된 한국'을 부각시켰으면 방한상품도 세련된 느낌을 주어야 하고, 실제로 한국 여행에서 한국의 세련됨을 느껴야 되는 것이다. (관광브랜드의 정의에 대해서는 부록의 용어해설 참조)

그런데 브랜드 마케팅의 세일즈 단계에서 여행업체 또는 콘텐츠 공급업체들과 관광객과의 거래가 발생하지만, 그 업체들은 관광객이 최초에 어떤 과정을 거쳐서 자신들과 거래를 하게 되었는지는 생각하지 않는다. 자신들과 거래를 하였으면 모든 것은 자신들의 노력의 결과라고 생각하며, 이미지 형성이나 인지도 상승 등 한국방문을 결정하게 된 전 단계의 브랜딩 활동에 대해서는 관심이 없을 것이다. 스마트폰의 경우를 예로 들어보자. 일반 소비자들은 갤럭시나 아이폰을 통신사의 대리점을 통해 구입하는데, 대리점을 방문하여 여러 기종을 비교하여 구매하거나, 곧바로 어떤 기종을 선택하여 구매하게 된다. 대리점은 홍보전단을 뿌리고 현수막을 붙여 '파격할인', '30% 세일' 등의 광고를 하며 영업을 한다. 그런데 갤럭시를 선택한 소비자가 갤럭시 선택을 결심하게 된 데에는 대리점의 광고만이 영향을 준 것은 아니다. 실제로 그 소비자는 대리점을 방문하기 전 이미 스마트폰 제조사나 통신사의 광고나 이벤트 등 홍보활동을 접하였고, 그 과정에서 갤럭시라는 제품을 구매하고픈 욕구를 가지고 있었을 것이다. 유명 연예인이 등장하는 스마트폰 광고를 보고 자신도 그 제품을 사용해야겠다는 욕구를 가질 수도 있고, 먼저 스마트폰을 사용하는 친구의 의견을 구하기도 하고, 인터넷에서 사용기를 찾아보기도 하였을 것이다. 대리점들은 자신의 영업력으로 매출을 올렸다고 생각하겠지만, 실제로는 제조사에서 이미 엄청난 비용을 들여 수요를 형성시키고 있었던 것이다. 세일즈를 하기 전에 브랜드 이미지를 형성시키는 소위 브랜딩 작업이 선행되었으며, 세일즈를 통한 매출은 브랜딩의 영향을 받고 있다는 것을 말한다.

특정 브랜드의 스마트폰이 세련된 사람의 필수 아이템이라는 이미지를 형성시켜서 수요를 촉진하듯이, 관광에서도 특정 관광목적지가 세련되고 환상적인 곳으로 인식될 수 있도록 새로운 이미지를 형성시킬 수 있다. 달리 표현하자면, 특정 관광목적지를 실제 모습보다 더 아름답게 표현하고, 실제보다 더 멋진 곳으로 비춰지게 함으로써 소비자에게 관광하고픈 욕구를 불러일으키게 되는 것이다. 이 때 의도된 환상적인 이미지가 브랜드이며, 브랜드를 중심으로 의도된 이미지를 시장에 심어주는 활동을 브랜딩(브랜드 커뮤니케이션)이라고 할 수 있다. 여기서 관광목적지 브랜드(관광브랜드)를 관광산업 생태계와 접목시켜 보면 [그림 17]과 같이 표현할 수 있다.

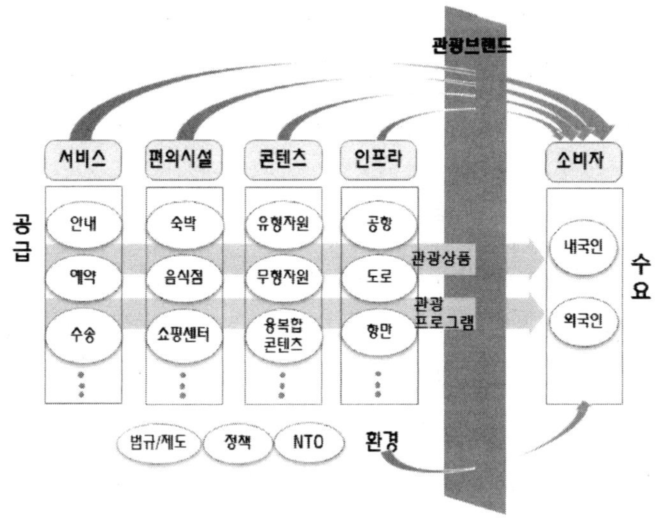

[그림 17] 관광브랜드의 개념

[그림 17]에서 보면 관광브랜드란 수요자의 눈에 특정 관광목적지의 공급부문이 더욱 환상적으로 비춰질 수 있도록 일종의 셀로판지를 설치한 것과 같다. 소비자는 관광목적지의 서비스, 편의시설, 콘텐츠, 인프라 또는 관광상품을 셀로판지를 통해 보게 되므로, 그 관광목적지를 실제보다 더욱 환상적인 곳으로 인식하게 된다는 것이다. 여기서 셀로판지는 관광브랜드이며, 관광브랜드를 확장시키고 전파함으로써 수요를 자극하는 것이 브랜드 마케팅이고, 브랜드 이미지를 강화하는 활동들이 브랜딩이다. 이렇게 보면 브랜딩 내지 브

랜드 마케팅은 관광목적지에 대한 소위 '뽀샵 내지 콩깍지 씌우기'라고 할 수 있을 것이다. 관광목적지가 그 자체보다도 소비자들에게 더욱 환상적인 곳으로 인식되도록 인위적인 노력을 기울이는 것이다. 가만히 있어도 관광목적지에 대한 브랜드 이미지가 형성될 것이지만, 그것이 의도하는 방향이 아닐 수 있으므로 '인위적'으로 방향을 설정하고 그 방향으로 소비자의 눈을 유도하는 것이다.

• **Korea 브랜드의 콘셉트**

브랜드 마케팅은 거의 모든 나라의 NTO들이 활용하는 방법인데, 우리나라의 경우에도 몇 년 전까지 'Korea, Sparkling'이라는 브랜드를 설정하고 관광홍보에 활용하였다. 'Sparkling'이라는 단어는 반짝반짝 빛나고, 상큼하고, 세련되었음을 의미하는데, 스파클링 와인의 톡 쏘는 느낌을 생각하면 그 의미를 떠올릴 수 있다. 아무튼 한국이라는 관광브랜드는 어떤 식으로 표현되더라도, 한국은 새롭고, 세련됐으며, 변화를 선도하는 상큼한 매력을 느낄 수 있는 곳임을 나타내면 되지 않을까. 열정적인 한국인들이 만들어낸 현대적인 모습과 오랜 역사를 바탕으로 한 세련된 문화가 관광객들에게 신선한 자극을 준다는 메시지를 전달하면 될 것이다. 'Korea, Sparkling'의 경우에는 '반짝이는 한국, 상큼한 한국'이라고 번역하는 사람들도 있었는데, 세부적인 영역에서의 'Korea, Sparkling'은 다음과 같은 메시지를 전달한 바 있다.

- '한국 음식은 김치와 불고기만 있다고 생각하는가? 한국을 방문

해 보라. 김치만 해도 100가지가 넘는 한국의 음식문화에 놀랄 것이다.(한식 홍보 콘셉트)

- 한류스타인 ○○○을 잘 알 것이다. ○○○는 공연단 연습생에서 출발해 세계적인 스타가 되었는데, 그 스토리가 궁금하지 않는가? 5천만 명이 ○○○와 같은 스토리를 간직하고 있는 나라 한국(한류 및 한국인 홍보 콘셉트)
- 5백 년 전, 조선왕조의 ○○ 왕이 왕자들을 교육시킬 목적으로 세운 경복궁 ○○○. 거기에서 200여 명의 왕자와 공주가 태어나 한반도 500년의 역사를 함께했던 곳. 지금 그들은 사라지고 없지만 그들이 남긴 이야기가 당신을 기다리고 있는 나라 한국(한국의 역사 홍보 콘셉트)
- 서른을 앞둔 당신, 삶이 힘들고 일상에 지쳤다면 서울을 찾아가라. 강남의 성형 골목과 젊음이 넘치는 명동거리. 당신의 30대는 지금과는 달라야 하지 않겠는가? 20대 마지막 생일은 서울에서 보내자.(한국의 도시 홍보 콘셉트)

브랜드는 관광목적지로서의 한국이 어떠한 모습으로 비춰질 것인지를 의도적으로 유도하는 것이다. 코리아 스파클링은 스파클링 와인처럼 상큼한 느낌을 주는 것이 한국관광이 주는 매력이요, 스파클링 와인을 따르면 예쁜 기포들이 발생하여 생동감 있는 모습이 연출되듯 한국은 생동감 있는 관광목적지라는 생각을 심어주려는 것이었다. 물론 이러한 브랜드 콘셉트는 다른 방향으로 설정할 수 있다. 과거 우리나라는 'Land of the Morning Calm'이라고 불려왔다. 만약 조용한 아침의 나라를 우리나라 관광브랜드라고 설정한다면, 한국을 보는 눈은 완전히 달라질 것이다. 한국홍보 광고에 명동이나 동대문의 활기찬 모습을 담을 수 없고, 성형 · 미용 · 쇼핑 등이 핵심 관광콘텐츠로 인정받기는 어려울 것이다.

우리나라의 국가브랜드는 Dynamic Korea라고 한다. 몇 년 전 국가브랜드를 재설정한다고, 관광브랜드인 Korea Sparkling을 사용하지 못하도록 한 적이 있다. 결국 국가브랜드 재설정 작업도 추진되지 못하고, Dynamic Korea만 존속하게 되었다. 관광객 입장에서 생각해 보자. 관광브랜드란 관광목적지로서의 한국이 관광객들에게 어떠한 모습으로 비춰지기를 희망하는가를 표현한 것이다. 즉 관광객들이 한국을 Dynamic한 나라로 느끼게 할 것인지, Sparkling한 곳으로 느끼게 할 것인지의 문제이다. 관광객의 눈과 관광객 유치를 위한 브랜드 마케팅을 고려한다면 어떠한 방향으로 관광브랜드 콘셉트를 잡아야 할지 답이 나올 것이다. 더불어 강조하자면, 관광브랜드는 소비자들에게 우리나라에 대한 환상을 심어주는 수단이다. 그것은 단기간에는 절대로 불가능한 일이다. 꾸준히 지속적으로 적용하는 것이 브랜딩의 기본인데, 몇 년 가지도 못하고 또 새로운 브랜드를 설정하여 기존에 형성된 브랜드 이미지를 희석시켜 버리지는 않을까 우려된다.

제 4 장

국내여행 활성화 플랫폼

1. 국내여행 활성화 플랫폼
2. 농촌관광 활성화 플랫폼
3. 지역 관광매력도 평가 플랫폼

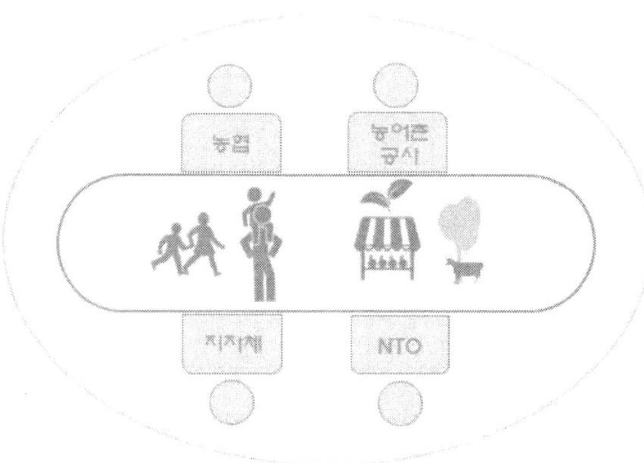

제4장
국내여행 활성화 플랫폼

1. 국내여행 활성화 플랫폼

내국인의 국내여행 수요에 영향을 주는 것은 시간과 돈, 그리고 여행을 보는 개인의 생각(여행에 대한 인식)이다. 시간과 돈의 측면에서 공공부문이 접근하는 방식은 여행을 촉진하는 각종 법이나 제도를 마련하는 것인데, 주로 관광산업 생태계의 구성요소 중 환경적 요소에 해당되는 것들이다. 이와는 달리 관광에 대한 개인의 인식을 바꿔주는 것은 브랜드 커뮤니케이션 내지 각종 캠페인을 통해 국내여행 수요를 자극하는 방식으로 진행된다.

• 시간과 돈 관점의 접근

국내여행은 휴일, 방학 그리고 직장인들의 휴가기간에 집중되며, 이 기간에는 어느 관광지를 가든 여행객들로 북적거린다. 넘쳐나는 여행수요를 감당할 수 없어 결과적으로 여행을 포기하게 되거나, 해외로 눈을 돌리기도 한다. 따라서 시간 측면에서 국내여행을 촉진하고자 할 경우에는 휴일을 늘리거나, 방학기간을 조정하거나, 휴가기간을 분산시키는 등 여행이 가능한 시간을 늘려주는 제도를 마련하는 것이다. 그러나 제도라는 것이 한 가지 측면만을 생각할 수 없기 때문에 그리 단순한 문제는 아닐 것이다. 예를 들면 최근 도입된 대체휴일제도는 국내여행 활성화에 긍정적인 효과를 줄 것으로 예상된다. 소비자 입장에서는 연휴기간이 늘어나므로 여행기회를 더 확보할 수 있을 것이며, 관광업계는 새로운 영업기회가 생길 수도 있을 것이다. 그러나 기업 입장에서는 근로시간의 단축을 의미하므로 무조건 환영하기는 어려울 것이다. 이 밖에도 직장인들을 겨냥한 방법으로 장기휴가제도, 휴가분산제 등 여러 가지 방법이 있으나, 이 역시 이해관계자들의 입장이 달라 제도의 도입은 쉽지 않을 것이다. 또한 경제단체나 기업체를 대상으로 직원들의 동기부여 및 사회공헌 차원에서 인센티브 휴가를 부여해 줄 것을 권장하고 있는데, 기업이 특정 지역을 대상으로 직원 휴가를 보내주거나, 1박 2일 휴가를 부여하는 방식이다. 그러나 그 비용의 상당부분을 기업이 부담하게 되므로 이 역시 도입이 쉽지는 않을 것이다.

자녀를 동반한 가족여행 권장 차원에서 주5일 수업, 초중고의 체험학습제도 등은 성공적으로 정착되었다. 학부모들이 여행의 교육적 효과에 대해 공감하면서, 어린 자녀를 동반한 주말 여행이 관심을 받게 되었다. 그러나 주5일 수업은 주말여행 수요를 확대하였지만, 주말여행은 이미 포화상태에 있으므로 주5일 수업이 국내여행의 패턴을 획기적으로 바꾸었다고 할 수는 없을 것이다. 방학기간의 분산이 오히려 여행수요 자극에 더 효과적일 것이지만, 교육제도 역시 관광업계와 교육계의 입장은 확연히 다를 것이므로 제도개선은 쉽지 않을 것이다. 다만 초중학교에서 현장교육이 강조되면서 농촌 체험학습, 관광시설 답사, 관광콘텐츠 체험 등이 일반화되고 있는 것은 국내관광 입장에서는 참으로 다행스런 일이다.

직장인 휴가제도, 학교 교육제도 등이 여행시간을 늘려주는 관점에서 검토되는 것이라면, 여행비용을 지원해서 국내여행을 권장하는 방식도 있다. 복지관광 차원에서 추진되고 있는 여행바우처 제도가 여기에 해당되는데, 여행바우처(우리나라에서는 2013년도에 문화누리카드로 통합되었음)를 통해 저소득층의 국내여행 비용을 일부 보전해 주는 것이다. 저소득층에 여행기회를 부여하고, 관광업계에는 영업기회를 부여한다는 차원에서 긍정적으로 볼 수 있지만, 이 제도 역시 재원확보 방안이 미지수이므로 대대적으로 시행하는 데는 한계가 있다. 이와 같이 국내여행 활성화를 위해 시간과 돈 관점의 접근은 다양한 이해관계가 존재하므로 쉽지 않은 일이다.

• 브랜드 커뮤니케이션

국내여행과 관련된 법률이나 제도와 더불어, 국내여행에 대한 소비자의 인식 변화도 여행수요에 커다란 영향을 미치고 있다. 국내여행에 대한 인식의 변화를 이해하기 위해 우선 국내여행이 어떻게 이뤄지는지 소비자의 행동단계를 정리해 볼 필요가 있다. 내국인이 국내여행을 떠나는 과정은 소비자들의 여행욕구 발생경로가 너무나 다양하고, 마케팅 측면에서는 브랜딩과 세일즈 활동이 복합적으로 이뤄지는 경우가 많으며, 여행업체를 이용하지 않는 개별여행이 대부분이어서 소비자 행동을 단순화시키는 것이 쉽지는 않다. 대부분의 국내여행이 소비자가 직접 여행일정을 짜는 개별여행임을 가정하여 소비자의 행동단계를 정리하면 [그림 18]과 같다.

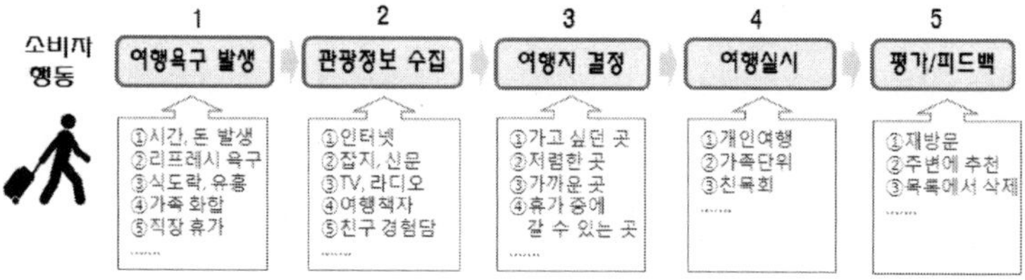

[그림 18] 국내여행에서 소비자의 행동단계

- 1단계(여행욕구 발생)의 경우는 시간이나 비용이 생기고, 휴가를 떠나고 싶은 욕구, 직장 휴가, 가족 간의 인화를 도모하는 차원 등 여러 가지 계기로 여행욕구가 발생하는 단계이다.
- 2단계(관광정보 수집)에서는 각종 매체를 통해 여행정보를 수집하는 단계이다. 어디가 좋을까? 어디로 갈까? 등의 욕구에 대한 해답들을 찾는 과정이다.
- 3단계(여행지 결정)는 여행지를 선택한 단계이다. 과거부터 가고 싶었던 곳이나, 비용 측면에서 저렴한 곳, 휴가기간에 다녀올 수 있는 곳 등 자신만의 여러 기준들에 부합하는 조건의 여행지를 선택하는 것이다.
- 4단계는 여행을 실시하는 단계이다.
- 5단계는 여행을 다녀온 후, 만족도를 체크하고 피드백하는 과정이다. 다음에 다시 방문하기로 마음먹거나 주변에 추천하는 등의 여러 가지 사후행동이 일어나는 과정이다.

이러한 국내여행자의 행동단계에 대응해 NTO, 지자체, 관광업계 등의 여행촉진 활동이 진행된다. [그림 19]에서 국내여행에 대한 소비자의 인식을 바꾸기 위한 활동들은 외래관광객 유치활동에서 이용되는 브랜딩 작업에 해당되는 것으로, 내국인을 대상으로 하는 브랜딩 활동이라고 보면 될 것이다. 굳이 차이점을 언급하자면, 외래관광객 유치 플랫폼에서 브랜딩 작업은 한국관광에 대한 이미지를 새롭게 하는 차원이고, 국내여행 분야에서의 브랜딩(브랜드 마케팅)은 국내여행에 대한 생각을 바꿔주는 것과 지역에 대한 관광이미지를 만드는 것(지역차원의 브랜딩)이다.

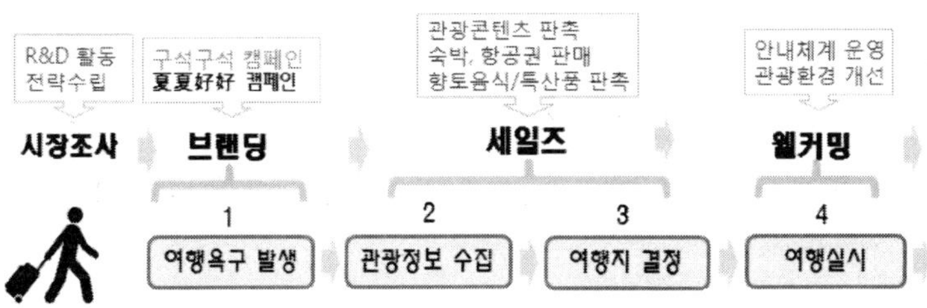

[그림 19] 국내여행 소비자의 행동과 마케팅 활동

- 국내여행 촉진활동에서 브랜딩은 국내여행에 대한 소비자의 인식을 새롭게 하고, 지방관광에 대한 이미지를 심어줌으로써 여행수요를 창출하는 활동이다.
- 세일즈 활동은 콘텐츠 공급업자가 콘텐츠를 체험 · 감상하는 프로그램을 판촉하거나, 여행사의 국내여행상품 판매활동을 말한다.
- 웰커밍은 관광현장에서 전개되는 여행객 대상의 안내나 서비스 등을 말한다.

국내여행 활성화를 위한 브랜드 커뮤니케이션은 중앙정부 차원의 활동과 지방정부 차원의 활동이 공존하고 있다. 중앙정부 차원의 활동은 국내여행에 대한 국민들의 생각을 새롭게 설정하려는 시도를 말한다. '지방에 가봐야 거기서 거기'라고 생각하는 사람들을 '우리나라에도 볼 것이 많다'라고 생각하도록 홍보하는 것이다. 중앙정부 차원의 활동은 대부분 NTO가 캠페인을 실행하는 형식인데, 대표적인 것이 우리나라의 NTO인 한국관광공사가 추진하였던 구석구석 캠페인이다. 구석구석캠페인은 우리나라의 색다른 모습을 보여주며, '당신이 처음 만나는 대한민국, 우리나라에는 당신이 알지 못하는 많은 것들이 숨겨져 있습니다'라는 메시지를 통해 국민을 설득하고 국내여행에 대한 호기심을 자극하는 방식으로 진행된 바 있다. 중앙정부나 NTO 차원에서 전국단위로 추진하는 포괄적인 캠페인과는 별개로, 지역별로 차별화된 이미지를 만들어가기 위한 지역차원의 브랜딩 활동도 다양하게 전개되고 있다. 지방자치제도가 정착되면서 관광에 대한 지자체의 관심이 더욱 높아지고 지역 브랜딩활동들이 활발해지고 있다. 이미 형성되어 있는 지역의 이미지를 예로 든다면 호반의 도시 춘천, 신라 천년의 고도 경주, 대나무 생태도시 담양, 백제문화의 도시 부여 등으로 다양하게 형성되어 있다.

• **지역별 플랫폼의 형성**

국내여행 활성화를 위한 브랜딩 활동에서 중요한 것은 지역별 차별화이다. 관광객 입장에서 어느 지방을 가더라도 비슷비슷하다면 국내여행 수요가 살아날 수 없으며, 차별화된, 즉 색다른 다양한 지역이 존재해야 국내여행 수요의 볼륨도 커지기 때문이다. 그런데 관광이미지와 관광콘텐츠, 그리고 지역별 브랜딩 방법의 차별화는, 지역 간의 경쟁을 의미하며, 지역 간의 경쟁이 존재해야 다양한 홍보 기법과 다양한 관광콘텐츠가 생산될 것이다. 따라서 지역 간의 경쟁 구도를 만들어내는 것이 국내여행 활성화의 관건이며, 그것이 정부나 NTO의 핵심 역할이다. 지역 간의 차별화된 구도를 만들기 위해서는 NTO는 지방조직을 운영하고, NTO의 지방조직들은 각 지자체와 협력하여 국내여행 활성화 협의체, 즉 플랫폼을 형성해야 한다. 각 지역 차원의 플랫폼들이 상호 경쟁함으로써 새로운 기법이 개발되고, 성공사례의 확산을 통해 결국 전국적 차원의 국내여행 활성화로 이어지도록 하는 것이다. 이를 도식화하면 [그림 20]과 같다.

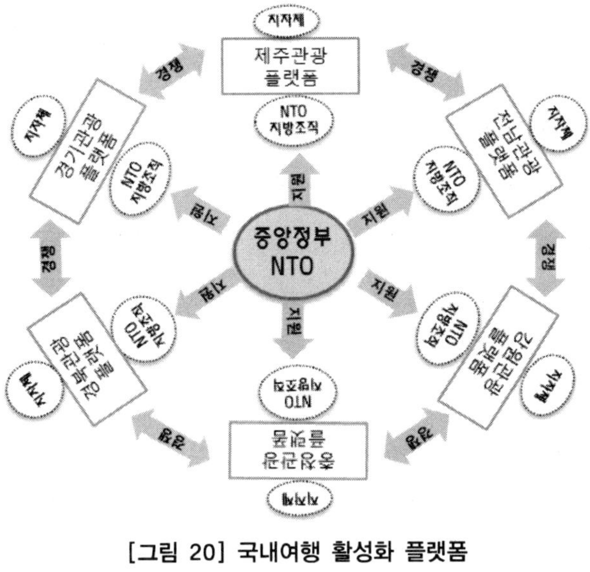

[그림 20] 국내여행 활성화 플랫폼

[그림 20]에 나타난 국내여행 활성화 플랫폼은 NTO의 지방조직과 지자체들이 참여하는 지역별 플랫폼으로 구성되어 있다. 정부나 NTO는 이들 지역별 플랫폼들을 지원하지만, 각 지역의 플랫폼들은 상호 경쟁을 한다는 것이 포인트이다. 경쟁을 통해 각 지역이 차별화된 방향으로 발전하도록 유도하는 방식이다. 경쟁의 강화는 지자체 대상의 관광정책 평가 또는 뒤에서 언급하게 될 지역매력도 평가 방식이 유효할 것이다. 이와 더불어 NTO 내부적으로는 지방조직 간의 실적평가를 통해 경쟁을 유도하면 지역 플랫폼들의 활성화에 가속도가 생길 것으로 보인다.

• 국내여행 활성화사업의 타깃

지역경제 활성화를 위한 방안의 하나로 관광이 주목을 받으면서, 국내여행에 대한 관심이 크게 높아졌다. 그런데 관심은 높아졌지만 국내여행의 규모는 기대만큼 커지지 않고 있다고 한다. 우리 국민은 해외로 나가고 그 자리를 외국인 관광객이 채웠다는 것일까. 2000년 초반부터 가족여행, 체험여행의 바람이 불고 주5일 수업이 단계적으로 확장되어 왔고, 웰빙이나 힐링 열풍으로 국내여행의 시장규모가 커지는 것이 정상일 것으로 보인다. 단순한 통계의 오류인지 아니면, 실제로 국내여행의 규모가 정체되어 있는지는 파악된 바 없지만, 한 가지 짚고 넘어가야 할 것이 있다. 우리 국민들의 국내여행은 시기적으로 주말, 방학기간, 여름 휴가기간에 집중된다는 것이다. 계절적인 요인으로 불가피한 면이 있지만, 그 시기에는 전국 어디를 가더라도 여행객들로 북적거린다. 그럼에도 여전히 국내여행 수요

창출을 위한 캠페인들은 방학이나 주말 이외에는 여행하기가 어려운 젊은 세대를 대상으로 주말여행, 방학기간 여행을 외치고 있는 형국이다. 젊은 세대들은 캠페인을 전개하면 반응이 있다. 인터넷이나 스마트폰이라는 효과적인 수단도 가지고 있다. 그러나 결국 그들의 여행은 주말과 방학에 집중될 수밖에 없을 것이다. 주말이나 방학기간의 여행수요는 굳이 자극하지 않아도 충분하다. 관광지 질서 지키기 정도의 캠페인이면 충분하지 않을까.

따라서 국내여행 활성화를 위한 수요창출의 포인트는 여름성수기 이외의 기간과 주중 여행수요를 만드는 것에 포인트가 주어져야 한다. 달리 말하면 주중에 여행할 수 있는 계층을 찾아야 한다는 것이다. 방학이나 직장인 휴가철이 아니라도 여행할 수 있는 계층을 찾아서 수요창출을 해야 한다는 것이다. 그 답은 아마 베이비부머 세대가 아닐까. 베이비부머 세대는 우리나라 인구의 1/4을 차지한다고 하는데, 1차 베이비부머 세대인 1955년생부터 1963년생까지의 인구와 2차 베이비부머 세대인 1968년생부터 1974년생까지의 인구가 곧 실버층으로 진입하게 된다. 이 세대는 우리나라 경제성장의 주역이었으므로 현재의 실버층보다 경제적으로 여유가 있고 삶의 질에 대한 관심도 높다고 한다. 따라서 이들은 여가생활에 대한 관심도 많고, 자신의 삶을 위해 돈을 쓸 수 있다는 것이다. 이 계층을 대상으로 국내여행을 위한 캠페인을 시작하면 어떨까. 어차피 비어 있는 주중 및 비수기 관광지를 베이비부머 세대로 채워보자는 것이다. 주말과 방학기간에는 젊은 세대가 채우고 있으니, 그 외의 기간을 계속 비워둘 것인지 고민해 보자는 것이다.

베이비부머 세대를 대상으로 한 국내여행 캠페인은 추억이라는 주제로 시작하면 좋을 것 같다. 그 세대의 학창시절 수학여행지는 경주였으며, 그들의 신혼여행지는 신라 천년의 고도 경주 또는 환상의 섬 제주가 아니었던가. 50년 전, 빡빡머리 중딩으로 삶은 계란을 까먹으며 완행열차를 타고 도착하였던 곳 경주. 불국사 앞 여관에서 밤잠을 멀리하고 친구들과 노닥거리던 시간. 교과서에 나오는 석굴암과 첨성대, 신기하게만 들리던 에밀레종에 얽힌 전설. 물론 어린 시절의 추억이 어디 수학여행뿐이겠는가. 지역문화 전문가들과 함께하는 역사문화기행은 전국 어디에서든지 가능하다. 일단 추억으로 감성을 자극하여 여행을 시작하게 하자는 것이다. 빛바랜 흑백사진들이 등장하는 광고, 모 방송사의 '꽃보다 할배'와 같은 방송프로그램을 활용한 지방 여행 캠페인은 여행욕구를 자극하기에 충분할 것이다.

2. 농촌관광 활성화 플랫폼

농촌의 몰락을 막기 위해 다양한 해결책이 제시된 바 있었는데, 관광분야에서 이뤄진 노력의 하나가 농촌관광이다. 농촌관광은 농촌의 환경, 자연생태계, 농촌 전통문화, 농업 등을 관광콘텐츠로 삼아 관광사업을 영위하는 것인데, 지금까지는 그 노력에 비해 눈에 띄는 발전은 찾아보기 어려운 상황이다. 청소년들의 교육에 주안점을 두고, 농업 체험을 위주로 하는 체험관광의 형태로 운영되고 있는데, 그나마도 어린이나 학생을 대상으로 하는 당일 체험일정으로 진행되는 것이 대부분이다. 일정한 체험비를 내고, 단체로 몰려와서 농작물 심어보고, 과일 따보고, 가축 구경하고, 해 지기 전에 돌아가기 바쁜 일정이다. 농촌관광이 화두로 떠오른 지가 10년이 넘었는데, 커다란 변화는 일어나지 않고 있다. 농작물 직거래라는 것이 활발해지긴 했지만, 그 자체가 농촌관광의 핵심은 아닐 것이다.

농촌관광의 핵심은 농촌이라는 분위기 그 자체에 젖어보는 것이다. 당일치기 농촌 체험으로 농촌의 분위기를 맛볼 수 있겠는가? 농촌의 분위기는 사진 한 장, 또는 농작물 하나 심어보는 것 자체로 느낄 수 없는 것이다. 농촌의 분위기는 농촌에 머물지 않으면 느낄 수 없는 것이며, 그런 면에서 우리나라의 농촌관광은 그 매력을 느끼기 어려운 구조인 것이다. 해결방향은 분명하다. 도시인들이 농촌에 머물도록 해야 한다. 머무는 것을 좌우하는 것은 숙박시설이며, 농촌에서의 숙박은 민박의 형태일 수밖에 없다. 이러한 맥락에서 농촌민박은 농촌관광 활성화의 제1의 대책이 될 것이다. 이른 아침 자동차를 타고 농촌으로 달려가, 농사 체험을 하다가 저녁에 농산물 몇 가지 사서 도시로 돌아오는 관광이 아니라, 농민들과 대화하고 그들의 애환을 들어보고, 이른 새벽 농촌을 거닐며 농촌의 분위기를 느껴 보는 관광이 되어야 지속가능성이 있을 것이다. 문제는 우리나라 농촌의 가옥이 여행객 대상의 숙박시설로 활용되기에는 그 수준이 높지 않다는 것이다. 농촌민박집을 새로 건축하거나 기존 농가를 개량해야 한다는 것인데, 많은 비용이 소요되는 하드웨어를 갖춘다는 것이 결코 간단치 않을 것이다. 농가의 힘으로 될 수도 없고, 특정 기관이 단독으로 담당하기도 어려운 과제이므로, 농촌민박도 플랫폼 전략으로 해결책을 찾아보면 괜찮을 것이다.

• 프랑스의 지트

농촌민박 플랫폼을 만들기에 앞서 농촌민박의 대표적인 성공사례로 꼽히고 있는 프랑스의 지트(Gites de France)를 살펴보고자 한다. 지트로 불리는 프랑스의 농가민박 네트워크는 2차 세계대전 후 침체된 농촌경제를 되살리기 위해 1951년도에 시작되었다고 한다. 지트의 공식 사이트(www.gites-de-france.com)에 의하면 2014년 현재 프랑스 전국에 60,000여 개의 지트가 운영되고 있는데, 지트의 유형은 숙박시설을 기준으로 Holiday cottages, Bed and breakfast, City Break(도시민박), Campsites & cottages 등으로 분류되어 있다. 그러나 관광콘텐츠를 기준으로 하면 Alpine skiing, Children, Countryside, Extreme sports, Fishing, Garden, Gourmet, Hiking, Horse-riding 등 30여 가지 유형으로 분류할 수 있어, 프랑스 전국에 다양한 관광콘텐츠를 주제로 하여 다양한 민박시설이 퍼져 있음을 알 수 있다. 지트는 단순한 민박이 아니라 전국적인 조직망을 갖추고 있는데, 프랑스 각 지역의 지트협회, 파리의 지트 연합본부 등이 전국단위의 네트워크를 형성하고 홍보 · 예약 · 운영 측면에서 강력한 네트워크를 형성하고 있다.

프랑스에서 지트의 성공요인은 무엇일까. 프랑스의 농촌이나 농업이 특별하여 한국이 흉내 낼 수 없는 매력이 있어서는 아닐 것이다. 60,000만여 개로 발전한 지트의 성공요인 중 하나는 철저한 품질

관리라고 한다. 지트협회 직원 400여 명이 민박집을 방문하여 서비스, 시설수준, 위생문제 등을 점검하고, 기준에 미달할 경우에는 퇴출시킨다고 한다. 평가를 통해 서비스/시설 수준을 등급으로 표시하는데, 지트 사이트를 검색해 보면 업체 소개란에 '보리이삭' 모양의 그림이 나오며, 그 보리이삭 숫자가 등급이다. 서비스 수준이 높을수록 보리이삭의 수가 많고(우리나라에서 무궁화 개수로 호텔 등급을 표시하는 것과 동일) 가격도 비싸다. 프랑스의 지트는 역사가 60년 이상이듯, 오랜 기간에 걸친 발전단계를 거쳐 정착되어 왔다. 그러나 짧은 기간에 농촌민박업을 정착시켜야 하는 우리나라의 입장에서는 치밀한 계획으로 추진할 수밖에 없을 것이다. 더구나 프랑스에서 지트의 성공요인이 농촌의 관광콘텐츠가 특별하다는 점이 아니라, '철저한 품질관리'라고 한다면, 우리나라에서도 품질관리만 신경 쓰면 농촌민박이 성공할 수 있다는 것이 아닌가?

• 농촌민박 플랫폼의 형성

우리나라에서도 최근 농촌체험마을 조성, 농촌 두레 등 여러 기관/단체들에서 행하는 농촌관광 사업들이 유행처럼 번지고 있다. 이들 사업들이 제공하는 프로그램은 대체로 단체관광객(학생 체험학습 포함)을 중심으로 저가의 참가비(1인 참가비 1만 원인 곳도 있음)를 받아 운영되고 있어 일반화 내지 대중화되지 못하고 있다. 농촌관광이 부가가치와 고용창출효과를 높이려면 숙박과 연결된 체류형 관광형태로 전환되어야 한다. 그러나 현재 우리나라 농촌의 실정을 봐서는 숙박관광을 기대하기는 어렵다. 기존의 농가주택이 개선되지 않으면 농촌관광이 숙박과 연결되기 어렵고, 농촌관광도 발전에 한계가 있을 것이다. 농촌관광 활성화의 성공은 농촌민박 활성화 여부에 달려 있다는 점을 주지해야 할 것이다.

우리나라에서 농촌민박을 활성화시키려면 어떠한 분야에서 어떠한 노력이 필요할까? 농촌의 관광콘텐츠, 농가의 시설 수준, 농민들의 의식수준 등 여러 가지 제약을 극복해야 하는데, 일단 하드웨어 측면을 기준으로 농촌민박사업 추진여건을 살펴보면 아래와 같다.

- 농촌민박집은 기존 농가주택을 개량하거나 신축해야만 가능하다.
- 기존 농가주택 계량에도 건축에 대한 노하우와 비용이 필요하다.
- 농촌가구는 건축 노하우나 자금을 확보하고 있지 않다.
- 농민들은 민박사업을 인식하지 못하며, 사업 마인드가 부족하다.
- 농촌 인구의 고령화로 민박 운영을 감당할 수 있는 인력이 필요하다.
- 농가민박 이용자가 생기려면 수요창출을 위한 홍보활동이 필요하다.

이와 같은 문제점을 극복하기란 쉽지 않아, 공공부문의 참여가 불가피함을 깨닫게 된다. 자금 지원, 건축 노하우 등을 확보하기 위해서는 여러 기관이 공동으로 추진할 수밖에 없을 것이다. 일단 농촌관광과 관련된 기관들을 찾아내어 각 기관의 장점을 정리해 볼 필요가 있다.

- 농림축산식품부는 농촌을 지원할 수 있는 예산을 보유하고

있다.

- 한국농어촌공사는 농가시설 건설에 대한 노하우를 가지고 있다.
- NTO는 지방관광을 소개하는 홍보채널을 보유하고 있다.
- 지자체들은 농촌마을의 입지, 지역의 특성 등을 잘 파악하고 있다.

첫 단계로 NTO에서는 위의 네 기관을 모아 농촌민박 활성화협의회를 만들어 파트너십을 형성하는 것이 좋다. 파트너십은 곧 농촌민박 플랫폼을 의미하는데, 이 플랫폼에서 참여자의 역할은 다음과 같다.

- 농림축산식품부는 농가민박 신축 및 개량 사업을 지원할 예산을 확보한다. 농가의 면적이나 건축규모에 따라 자금 지원기준과 융자조건 등을 마련한다. 세부적인 것은 지자체와 협력하는 것이 효율적이다.
- 농어촌공사는 농촌민박주택 표준설계도를 개발한다. 방의 크기, 가족의 규모, 위치 등에 따라 다양한 형태를 개발할 수 있다. 한국농어촌공사는 현재에도 농촌경관 주택 표준설계도를 제작해 무료로 제공하고 있다. 현재 39~125㎡까지 50종에 이르는 모델을 가지고 있는데, 인터넷 '웰촌'에서 열람과 출력이 가능하며, 농어촌공사 지역 본부, 지사 등에서 무료 열람과 1가지 유형에 대해 설계도 복사본을 제공하고 있다. 이 농촌경관주택 설계도 지원기능을 정비하여, 농촌민박과 어울리도록 다양한 모델을 개발할 수 있다. 예를 들면 저수지 근처에 적합한 수변형, 산세가 아름다운 곳에 적합한 경관형, 가축사육을 겸하는 농가에 적

합한 복합형, 과일 따기 체험 농가에 적합한 과수원형… 등 여러 가지가 가능하다.

- 지자체는 농촌 민박주택을 신축할 경우에 부지 선정을 담당한다. 전국에 산재한 저수지나 수로 주변에서 경관이 아름다운 곳을 위주로 택지로 활용이 가능한 곳을 선정한다. 또한 기존 취락 중에서 경관이 아름다워 관광자원으로 가치가 있거나, 과수원, 목장, 염색, 주말농장 등 농촌체험이 가능한 입지를 찾아 선정한다.
- NTO는 농촌민박 시설기준을 설정하고, 등급별 기준을 마련한다. 참여 농가를 교육시킬 교육 프로그램을 만들고, 수요를 창출하기 위한 홍보계획을 수립한다.

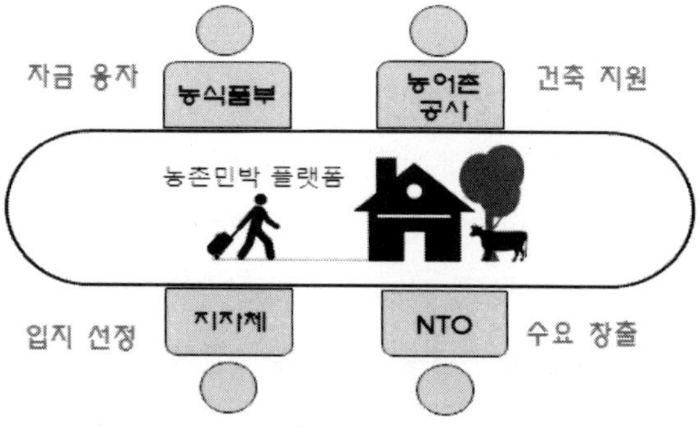

[그림 21] 농촌민박 활성화 플랫폼

이 플랫폼은 참여자가 모두 공공부문이므로 플랫폼 형성이 용이하다. 각 기관은 산발적이긴 하지만, 이미 관련된 사업을 추진한 경험과 필요한 인력을 보유하고 있기 때문이다. 플랫폼이 형성되고 사업이 추진되더라도, 초기단계에서는 참여농가를 발굴하는 것이 쉽지 않을 것이다. 주택 신축이나 증개축은 투자가 필요한 부분인데, 성공을 장담할 수 없어 선뜻 나서지 않기 때문이다. 따라서 초기에는 지역을 선정하여 시범사업형태로 추진하는 것이 바람직할 것이다.

시범사업으로 추진할 농촌민박의 입지조건은 어떤 곳이 좋을까. 당연한 얘기지만, 일단 농촌관광의 콘텐츠가 있는 곳이 유리한 곳이다. 농촌의 자연생태계, 농촌의 문화, 농업관련 체험 등 관광콘텐츠로 활용될 분야는 얼마든지 발굴할 수 있으며, 주변에 유명 관광지가 자리 잡고 있으면 더욱 좋다. 운영자는 기존 농민들 중심으로 선정해야겠지만, 귀촌・귀농을 권장하는 차원에서 농촌에 정착하는 조건으로 도시 출신자를 선정할 수도 있다. 이 단계에서 중요한 것은 민박사업 참여 농가를 '전국 시군별 10가구, 총 1,600가구' 등의 탁상행정 식으로 선정하지 말아야 한다는 것이다. 시범사업은 그야말로 가능성 위주로 선정해야 하는데, 사업의 모양새를 갖추기 위해 그럴듯한 형식만 강조하면 기존의 농촌 지원사업들과 다를 바 없이 실패하고 참여농가는 빚만 떠안게 될 것이다. 프랑스의 지트는 그 역사가 60년이 넘는다는 점을 염두에 두고, 차근차근 추진해야 성공할 수 있다.

더불어 농촌민박사업의 성공 여부는 어떻게 수요를 창출하느냐에도 달려 있다. 그럴듯한 시설만 갖추면 된다고 생각하기 쉽지만, 어느 시골에 자리 잡은 그 '세련된 농가'의 존재를 누가 알아주겠는가. 수요는 눈에 보이지 않으므로 수요 창출을 위한 홍보활동을 별것 아닌 것으로 보기 쉽다. 그러나 수요 창출이 가장 어려운 과제이며, 그것 때문에 농촌민박 플랫폼에는 NTO가 참여하는 것이다. NTO가 할 일은 농촌민박의 홍보플랜을 짜고 시행하는 것이다. 홍보타깃은 크게 두 가지인데, 농촌의 향수를 간직하고 있는 베이비부머 세대들이다. 그중 은퇴자들은 비수기, 성수기 구분 없이 여행할 수 있다는 점과, 그 이전 세대보다 경제적으로 여유가 있다는 장점을 가지고 있다. 또 다른 홍보타깃은 어린 자녀를 둔 젊은 부모들이다. 자녀교육을 위해서라면 물불을 안 가리는 열정을 보유한 계층인데, 농촌관광 그 자체가 훌륭한 교육 프로그램이 되기 때문이다. 보다 적극적인 방법으로는 체험학습 우수농가를 선정하고, 그 민박농가를 이용한 경우에는 학교에서 체험학습을 한 것으로 인정해 주는 방식도 좋다.

대국민 홍보를 위해서는 방송 프로그램 제작 지원을 통해 농촌민박을 노출시키고(공중파 방송사의 '아빠 어디가', '1박2일' 등과 같은 방식), 농촌살리기 다큐멘터리를 제작하는 것도 좋은 방법이다. 물론 기본적으로 농촌민박 디렉토리도 만들고, 다양한 홍보물을 만들어 뿌려주어야 한다. 중요한 것은 예약시스템을 구축하는 것이다. 예약시스템은 민박농가의 시설, 주변 관광콘텐츠, 서비스 등급 등을 검색하고 예약할 수 있어야 하며, 사용기를 올릴 수 있도록 하면 좋다. 물론 그 예약시스템은 NTO의 홈페이지는 물론 농촌관련 모든 기관이나 단체의 사이트와 링크시키고, SNS를 통해 사용기를 전파하면 좋다.

농촌민박 시범사업이 정착되면 플랫폼 구성원이 변하게 된다. 가장 중요한 참여자는 민박 운영자 그룹이다. 프랑스의 지트와 마찬가지로 지역단위로 농촌민박협회가 구성될 것이며, 전국단위 조직도 만들어질 것이다. 이 조직들은 플랫폼에서, 브랜드 홍보, 공동 품질 관리 등에 참여하게 된다. 초기 정착단계의 브랜드 개발, 등급기준과 품질 관리는 NTO가 담당하였지만, 정착되고 나면 민박협회의 역할이 커져야 한다. 농촌민박의 서비스 표준, 시설 표준 등을 개정하고 서비스 점검활동을 상시 전개하여야 한다. 품질관리가 소홀하면 소비자의 불만이 제기되고, 농촌민박가구 전체가 피해를 보게 되므로 공동체 유지 차원에서 엄격한 관리가 필요하다. 만약 품질 수준을 따라오지 못할 경우에는 농촌민박 타이틀을 박탈하고, 예약시스템에서 제외시켜야 한다.

농촌민박사업이 정착되면 공공부문 주도로 마련되었던 플랫폼은 해체되고, 농촌민박은 민박협회를 통한 자율적인 품질관리를 통해 유지되고 참여농가는 확산될 것이다. 이 시점에 이르러서는 주기적인 캠페인을 지원하는 정도만 공공부문에서 관여하면 될 것이다. 농촌민박은 민박농가뿐만 아니라, 음식점·농산물 판매점 등 주변 농가에도 고객을 몰고 오게 된다. 농촌민박을 통해 도시민들은 쉼터를 가지게 되고, 농촌은 경관을 개선하고 새로운 소득원을 확보하게 되는 것이다. 한편 지방관광 활성화의 장애요인으로 지방의 숙박문제가 손에 꼽힌다. 굿스테이나 베니키아 등 중저가 숙박시설의 보급노력이 이뤄지고 있지만, 도시 위주의 시설이므로 지방관광 활성화를 뒷받침하기에는 역부족이다. 그렇다면 지방의 숙박시설 확충 차원에서 농촌민박 활성화문제를 해소하기 위해 농촌관광의 일환으로 농촌 민박업을 활성화시켜 보면 어떨까?

• 농촌민박의 브랜딩

농촌민박의 활성화를 위해서는 브랜드화가 필요하다. 브랜드명은 한옥스테이나 굿스테이를 감안하여 '전원스테이' 정도면 어떨까. 굳이 농촌민박이라고 표시할 필요는 없으며, 시골을 상징하는 명칭으로 정하면 될 것이다. 아무튼 농촌민박사업은 '전원스테이'(또는 다른 무엇)라는 브랜드명을 달게 되고, 이왕이면 등급도 부여해야 한다. 등급은 호텔 등급부여 방식과 마찬가지로 상징물(가축, 농작물 등에서 선정)을 정하고 상징물 숫자가 많을수록 등급이 높으면 된다. 브랜드명, 등급 표시방법, 등급 평가방법 등 농촌민박에 관한 모든 규칙은 처음에는 농촌민박 플랫폼에서 정해야 한다. NTO가 운영하는 농촌민박 홍보 사이트에는 전국의 모든 농촌민박에 대한 등급, 요금, 주변의 관광콘텐츠 등이 제공되도록 하면 된다.

정부가 발표한 '2013년 귀농 · 귀촌인 통계'에 따르면 2013년도에 귀농 · 귀촌한 가구는 총 3만 2,424가구(5만 6,267명)로서 2001년 880가구에 불과했지만 2011년 1만 503가구, 2012년 2만 7,008가구 등으로 급증하고 있다고 한다. 귀촌 · 귀농자들을 대상으로 농촌민박사업 교육을 실시하고 민박사업을 지원하면 어떨까? 귀농 · 귀촌자들은 대부분 주택을 새로 마련하기 때문에 민박을 겸할 수 있는 주택을 마련하는 경우 융자지원, 홍보지원 등 여러 가지 방안이 가능할 것이다.

• 농촌관광박람회 플랫폼

농촌민박 플랫폼의 구축과 더불어 농촌관광에 대한 홍보 차원에서 농촌관광박람회를 제안하고자 한다. 농촌관광박람회는 농촌민박은 물론 농촌관광의 콘텐츠를 알리는 이벤트가 되어야 한다. 이 박람회는 특산물 섹션, 농촌문화 섹션, 농촌경관 섹션(사진, 영상 전시)과 상담코너로 구성하면 좋다.

- 특산물 섹션: 지역의 특산품을 전시하고 판매하는 곳으로, 현장 판매는 물론 온라인 거래신청을 할 수 있다. 이 섹션은 국내에서 생산되는 식재료, 과일, 건강식품 등의 코너로 구분하여 설치하며, 전시자는 시・군 단위의 농협, 지자체, 생산자 단체가 된다.
- 농촌문화 섹션: 농촌문화 섹션은 음식, 전통 농경문화, 세시풍속 등으로 다양하게 구성할 수 있다. 특색 있는 전통음식이나 전통주의 전시와 시식, 농경문화를 상징하는 농기구 전시, 농기구 사용 체험, 음식 만들기 체험 등으로 다양하게 구성할 수 있다. 이 섹션의 전시자는 지자체, 전통문화 보존단체 등이 된다.
- 농촌경관 섹션: 농촌의 아름다움을 담은 사진이나 영상물을 전시하는 섹션이다. 관람자로 하여금 농촌에 대한 향수를 불러일으키게 하고 농촌관광에 대한 호기심을 자극하는 섹션이다. 이 섹션의 전시자는 정부, 지자체, NTO, 농민단체들이며 농촌관광을 직간접적으로 홍보하는 섹션이다. 이 섹션의 전시물은 사진 공모전의 입상작이나 전문작가들이 준비한 것, 농촌관광 경험담을 소개하는 일반인이 촬영한 작품 중에 선정된 것들이다. 예를 들면 '한국의 아름다운 마을'을 선정하고, 그 마을을 소개하는 사진을 전시하는 방식이다.

- 상담코너: 농촌민박업, 귀농, 귀촌 등에 대한 상담코너이다. 농촌민박업을 하기 위한 건축, 법, 입지선정 등에 대한 상담과 더불어, 귀농・귀촌을 희망하는 사람들에게 구체적인 방법과 성공사례를 전달하는 섹션이다. 이 코너의 전시자는 정부, NTO, 지자체, 한국농어촌공사 등 공공기관이 맡는다.

농촌관광박람회의 섹션을 구성해 보면, 이 박람회 역시 플랫폼 방식이 적용됨을 알 수 있다. 박람회 전시자를 확보하는 것은 지자체와 농협이 해결할 수 있다. 지자체와 농협은 지역의 대표 특산품으로 내세우는 것을 전시하고, 특산품을 판매하고 판매채널을 알리는 역할을 하게 된다. 박람회 행사를 기획하고 관람자를 모으는 것은 NTO의 몫이다. NTO는 박람회 섹션을 구성하고, 관람자를 모으기 위한 홍보활동을 담당하게 된다. 한국농어촌공사는 상담코너에서 귀촌・귀농에 관한 상담이나 농촌민박의 건축방법, 입지조건 등을 상담하게 된다. 농촌관광박람회 플랫폼은 여러 가지 방식이 가능하지만, 가장 간단하게 [그림 22]와 같이 표현할 수 있다.

이 박람회는 정부나 NTO, 지자체 입장에서는 농촌관광에 대한 관심을 모으고, 농촌을 변모시키는 계기를 마련해 본다는 점에서 의미가 있을 것이며, 소비자 입장에서는 신뢰할 수 있는 국산 농산물 구입 루트를 찾을 수 있고, 생산자는 판매 채널을 확보하는 것이다. 사라지고 있는 전통문화를 보존하고, 교육적 차원에서 농촌문화를 이해시키는 부수적인 효과도 있다. 서울과 같은 대도시에서 순회 개최하여 전국적인 행사로 자리 잡게 되면, 농촌민박과 더불어 관광 측면에서 농촌의 재발견을 위한 대표사업이 될 것으로 본다.

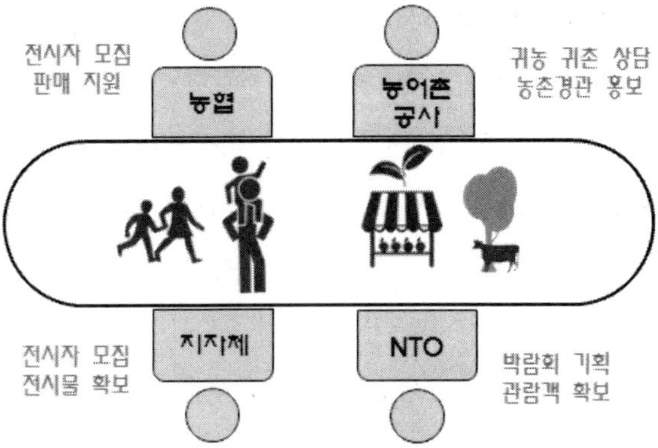

[그림 22] 농촌관광박람회 플랫폼

3. 지역 관광매력도 평가 플랫폼

중앙정부가 국가적 차원의 방향을 정하고 관광산업활성화 정책을 세우면, NTO는 정부의 정책을 현장에서 시행하게 된다. 그러나 관광산업 활성화를 위해 NTO가 중요한 역할을 해야 하는 것은 분명하지만, 모든 지방의 관광인프라를 NTO가 감당할 수는 없다. 지역의 관광여건은 각 지역의 지자체가 담당하는 것이 효율적이다. 다만 중앙정부는 지자체의 정책방향을 제시하고, 예산을 지원해 주고, NTO는 지자체가 관광여건 개선에 힘쓰도록 유도하는 활동을 해야 한다. NTO가 지자체의 활동을 유도하는 방식 중 가장 흔한 것이 소위 인증/평가 방식이다. 평가는 관광콘텐츠, 호텔이나 펜션, 식당 등 개별적인 시설을 대상으로 실시할 수도 있지만, 지자체의 전체적인 관광매력도에 대해 평가할 수도 있다. 여기에서는 지역의 관광매력도를 포괄적으로 평가하는 방법을 사례로 제시하고자 한다.

미국의 한 유명 여행잡지는 매년 미국 주요 도시의 매력도를 평가하여 발표한다. 미국 내 35개 도시를 대상으로 실시되는데, 온라인 설문조사를 통해 평가가 진행된다. 도시의 매력도는 8개 분야로 나눠 평가되며, 각 분야의 평가결과를 종합하여 전체적인 매력도를 산출하게 된다. (저자는 미국의 도시 매력도를 평가하는 온라인 설문조사에 직접 참여한 바 있음) 이 평가방법은 전문가로 구성되는 평가위원이 평가하는 것이 아니라 일반인의 설문을 통해 평가하므로, 각 도시들은 그 결과에 이의를 제기할 수 없다. 우리나라에서도 이러한 방식의 지역 매력도 평가가 실시된다면, 각 지자체들의 개선노력이 경쟁적으로 추진되므로 지방 관광여건 개선에 효과가 있을 것으로 보인다.

미국에서의 도시 매력도 평가분야는 매년 조금씩 바뀌고 있지만 대체로 8가지 분야로 진행된다.

- People: 도시 거주민들에 대한 평가
- Type of Trip: 그 도시는 어떠한 형태로 여행하는 것이 좋은지 평가
- Nightlife: 야간 유흥요소가 풍부한지의 여부
- Culture: 그 지역의 문화적 수준, 관광자원의 보유여부를 평가
- Shopping: 쇼핑시설에 대한 평가

- Food/Drink/Restaurants: 지역 음식과 식당에 대한 평가
- Quality of Life and Visitor Experience: 도시의 환경이나 분위기 평가
- Best Times to Visit: 그 도시를 방문하기에 가장 좋은 시기를 평가

이 8개 분야는 다시 세부적인 항목으로 나눠 평가가 이뤄지는데, 세부 평가항목은 아래와 같다.

- People에서는 다음 11개 세부항목을 평가한다.

  ① Attractive ② Friendly ③ Intelligent ④ Athletic/active

  ⑤ Diverse ⑥ Stylish ⑦ Offbeat ⑧ Sports-crazed

  ⑨ Proud of their city ⑩ Tech-sawy ⑪ Charming local accent

- Type of Trip에서는 다음 8개 세부항목을 평가한다.

  ① Romantic escape ② Wild weekend ③ Family vacation

  ④ Cultural getaway ⑤ Pet-friendly vacation ⑥ Base for day trips

  ⑦ Girlfriend getaways ⑧ Gay-friendly

- Nightlife에서는 다음 5개 세부항목을 평가한다.

  ① Happy Hour ② Music scene ③ Singles scene ④ Sports bars

  ⑤ Cocktail lounges

- Culture에서는 다음 6개 세부항목을 평가한다.

  ① Classical music ② Theater/performance art

  ③ Street performers ④ Museums/galleries

  ⑤ Historical sites/monuments ⑥ Free attractions

- Shopping에서는 다음 5개 세부항목을 평가한다.

  ① Luxury stores ② Independent boutiques ③ Antique stores

④ Flea markets ⑤ Home decor and design stores

- Food/Drink/Restaurants에서는 다음 10개 세부항목을 평가한다.

  ① Fine-dining restaurants ② Barbecue ③ Pizza ④ Hamburgers

  ⑤ Cafes ⑥ Ethnic food ⑦ Street food/Food trucks

  ⑧ Microbrew beer ⑨ Coffee ⑩ Ice cream

- Quality of Life and Visitor Experience에서는 다음 12개 세부항목을 평가한다.

  ① Cleanliness ② Weather ③ Safety ④ Affordability

  ⑤ Wireless coverage ⑥ Architecture/Cool buildings

  ⑦ Lots of hotel options ⑧ Public parks and outdoor access

  ⑨ Place and quiet ⑩ People-watching

  ⑪ Public transportation and pedestrian-friendliness

  ⑫ Environmental friendliness

- Best Times to Visit에서는 다음 8개 세부항목을 평가한다.

  ① Fall ② Winter ③ Christmas ④ New Year's Eve

  ⑤ Valentine's Day ⑥ Spring Break ⑦ Summer ⑧ 4th of July

도시 매력도 평가에 참여하게 되면, 평가는 다음과 같은 방식의 온라인 설문형태로 진행된다.

- 1단계 : 평가할 도시를 선택한다.
- 2단계 : 선택한 도시에 거주하느냐의 여부를 응답한다.
  - 그 도시 거주자인 경우에는 자기 도시에 적합한 여행시기, 쇼핑 등을 추천해 주는 형식이 되며,

• 그 도시 거주자가 아니라면, 그 도시를 보는 자신의 생각으로 평가를 하게 된다.

- 3단계 : 위 도표에서 제시한 8개의 평가항목을 선택하게 된다.
- 4단계 : 평가항목을 선택하면 세부평가항목이 나열되고, 세부항목별로 평가점수를 클릭하게 된다. 세부평가항목은 선호 정도에 따라 5단계로 점수를 부여하게 되어 있다.
- 5단계 : 8가지 항목에 대한 평가가 완료되면 다른 도시를 선택해서 평가를 진행하거나 종료하면 된다.

도시의 매력도 평가 결과는 종합점수를 기준으로 도시의 매력도 순서가 정해진다. 소비자들은 매력도 평가 결과를 자신의 여행지 결정에 참고할 수 있다. 예를 들면 두 개의 도시를 선택하여 세부항목별로 평가결과를 비교할 수 있는데, 두 도시의 여행 적절시기를 비교하거나, 추천하는 여행형태를 비교하여 여행목적지를 선택할 수 있다. 만약 샌프란시스코와 로스앤젤레스 중 어디를 가야 할지가 고민된다면, 두 도시의 매력도 평가결과를 비교해 보면 답을 얻을 수 있을 것이다. 미국의 도시 매력도 평가는 우리나라와는 여건이 다르므로 다소 생소한 평가항목이 있을 수 있지만, 소비자 입장에서는 관광목적지 선택 시 판단기준이 되며, 평가받는 도시들에게는 도시의 매력을 키우기 위한 사업방향이나 개선영역을 정하는 기준이 되는 셈이다.

• **한국에서의 지역 관광 매력도 평가**

그러면 우리나라에서도 이러한 방식의 도시매력 평가를 실시한다면 어떻게 추진해야 할까? 순위, 등수, 점수에 민감한 분위기를 감안하면, 도시 매력도 평가는 중앙정부나 NTO 입장에서는 구미가 당기는 사업이 될 수 있다. 일단 평가대상 도시들을 어떻게 선정하는지가 중요한데, 우리나라에서 관광자원의 개발이나 유지, 관광인프라 조성 등이 기초지자체를 단위로 이뤄지는 경우가 많으므로, 기초지자체를 평가단위로 할 수 있다. 물론 도시의 규모를 감안해서 인구나 면적을 기준으로 하여 평가대상 지자체의 규모를 기준으로 그룹을 나눠서 평가할 수도 있다. 광역시・도는 광역시・도 그룹으로 나눠 평가를 하고, 시・군의 경우에도 인구 100만 명 이상, 인구 50~100만 명 등 지자체 규모에 따라 평가그룹을 달리하여야 할 것이다. 평가그룹을 만들어 초기단계에는 희망 지자체에 한해 평가신청을 받아 평가를 실시하면 좋을 것이다.

평가대상 지자체를 정하는 것과 더불어 평가항목을 결정해야 하는데, 관광목적지의 방문을 유인하는 관광매력이 주요한 평가항목이 될 것이다. 그러나 위에서 예를 든 미국의 사례를 우리나라에 그대로 적용할 수는 없다. 우리나라 사람들이 생각하는 관광매력은 미국인들이 생각하는 관광매력과 다르며, 한국인의 관광행태와 미국인의 관광행태도 다르기 때문에 매력도 평가항목이 다를 수밖에 없을 것이다. 관광매력이 무엇을 말하는지, 관광매력을 구성하는 요소는 무엇인지에 대해서는 너무나도 다양한 관점이 있을 수 있다. 크게는 관광콘텐츠와 관광인프라의 매력으로 나눠볼 수 있지만, 다양한 하위영역이 존재하므로, 이 책에서는 브랜드 관점에서 해당지역의 ① 사람들의 매력, ② 환경의 매력, ③ 문화적 매력, ④ 관광활동의 매력, 해당지역, ⑤ 여행환경의 우수성 등 5가지로 나눠보았다. 이 5가지 영역과 더불어 선택요소인 ⑥ 여행시기와 ⑦ 여행형태에 대한 영역으로 나눠 매력도를 평가하는 방식을 마련해 보았다. 다만 ④번째의 관광활동 영역에는 매우 다양한 요소들이 존재하므로 쇼핑, 오락, 음식 등 분야별로 나눠서 평가해야 할 것이다.

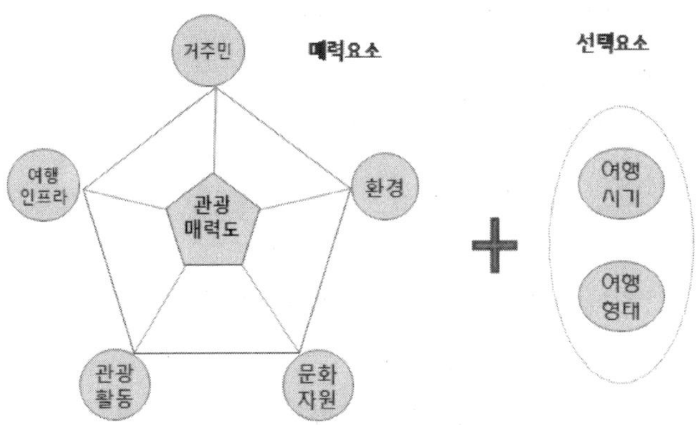

[그림 23] 지역 관광매력도 측정영역 예시

• 해당지역의 거주민들에 대한 세부평가

① 지역민은 친절하다.

② 지역민은 외모, 패션에서 풍기는 멋이 있다.

③ 지역민들은 그 지역에 대한 자부심을 가지고 있다.

④ 지역민들은 지역 특유의 방언이나 말투를 구사한다.

⑤ 포괄적으로, 지역민들에게는 지역 특유의 매력이 있다.

- 해당지역의 자연환경에 대한 평가

① 바다가 아름답다.

② 산이 아름답다.

③ 강이나 하천, 호수가 아름답다.

④ 자연환경이 잘 보존되어 있다.

⑤ 포괄적으로, 그 지역은 자연경관이 아름답다.

- 해당지역의 거주환경에 대한 평가

① 해당지역은 청결하다.

② 해당지역의 치안상태는 안전하다.

③ 장애인 접근로는 잘 되어 있다.

④ 해당지역의 통신환경은 양호하다.

⑤ 공원이나 휴식 시설도 편리하게 이용할 수 있다.

⑥ 소란스럽지 않고 조용하다.

⑦ 그 지역은 친환경적(자연친화적)이다.

⑧ 포괄적으로, 그 지역의 거주환경/생활환경이 우수하다.

- 해당지역의 문화자원에 대한 세부평가

① 국악, 민요 등 음악을 즐길 수 있다.

② 극장이나 공연장이 많다.

③ 길거리 공연들도 많다.

④ 박물관/갤러리/전시장이 많다.

⑤ 역사적 유적지와 기념물들이 많다.

⑥ 아름다운 건축물들이 많다.

⑦ 근사한 축제나 이벤트가 열리는 곳이다.

⑧ 무료입장하는 관광지가 많다.

⑨ 포괄적으로, 그 지역은 문화적으로 매력이 있는 곳이다.

• 지역의 유흥/오락거리에 대한 세부평가

① 저렴한 주점들이 많다.

② 오락실과 같은 놀거리가 많다.

③ 야간 공연이나 야간 관람시설이 풍부하다.

④ 카페/커피숍, 찻집들이 많다.

⑤ 테마공원, 스포츠시설, 위락시설이 많은 곳이다.

⑥ 포괄적으로, 지역은 즐길거리, 놀거리가 많은 곳이다.

• 해당지역에서의 쇼핑에 대한 세부평가

① 고급 쇼핑점들이 많다.

② 5일장이나 상설시장이 열리는 곳이다.

③ 지역 특산품, 기념품이 풍부하다.

④ 포괄적으로, 쇼핑의 즐거움을 느낄 수 있는 곳이다.

• 해당지역의 음식/식당에 대한 세부평가

① 고급 식당들이 많다.

② 특색 있는 지역음식이 많다.

③ 패스트푸드, 길거리 음식 등 먹거리가 다양하다.

④ 음식들은 저렴하게 즐길 수 있다.

⑤ 포괄적으로, 그 지역은 식도락을 즐길 수 있는 곳이다.

• 해당지역의 여행환경에 대한 평가

① 대중교통의 이용에는 불편이 없는 곳이다.

② 도로, 주차 등 차량운전에는 불편함이 없는 곳이다.

③ 숙박시설은 다양하게 선택할 수 있다.

④ 안내소, 표지판 등 관광안내시설은 잘 갖춰져 있다.

⑤ 해당지역은 관광객의 유치에 신경 쓰고 있음을 느낄 수 있다.

⑥ 해당지역의 물가는 비싸지 않다.

⑦ 포괄적으로, 지역의 여행환경이 괜찮은 곳이다.

• 해당지역으로의 여행형태에 대한 세부평가(복수응답)

① 해당지역은 로맨틱한(낭만적인) 여행지로 적합하다.

② 해당지역은 주말 휴식을 위한 여행지로 적합하다.

③ 해당지역은 가족 여행지로 적합하다.

④ 해당지역은 치료/휴양을 위한 여행지로 적합하다.

⑤ 해당지역은 당일여행지(잠간 바람 쐬는 형태)로 적합하다.

⑥ 해당지역은 친구/연인과의 여행지로 적합하다.

⑦ 해당지역은 자녀들의 교육을 위한 여행지로 적합하다.

• 해당지역 방문시기에 대한 평가(복수응답)

① 그 지역은 봄에 방문하면 좋다.

② 그 지역은 여름에 방문하면 좋다.

③ 그 지역은 가을에 방문하면 좋다.

④ 그 지역은 겨울에 방문하면 좋다.

⑤ 그 지역은 봄방학기간에 방문하면 좋다.

⑥ 그 지역은 명절(설, 추석) 연휴에 방문하면 좋다.

평가항목이 정해지면, 평가실시 방법을 채택해야 한다. 가장 쉽게는 전문가 그룹을 구성하여 평가할 수도 있을 것이다. 그러나 지역의 관광매력 평가는 지자체들의 관심사항이 될 수밖에 없으며, 평가주체자는 평가결과에 대한 이의제기에 시달리게 될 것이다. 평가주체가 평가결과로부터 자유로우려면 전문가보다는 소비자들에 의한 온라인 평가를 채택하여야 한다. 더구나 실제로 관광을 즐기는 일반소비자들의 평가가 전문가집단의 평가보다 더 정확할 수 있으며, 그 평가결과는 일반인들의 지방여행에 참고가 될 것이다. 일단 온라인 평가가 이뤄지는 인터넷 사이트를 정하여야 하는데, 관광분야에서 일반 소비자들의 접속이 가장 많은 곳은 한국관광공사의 홈페이지가 적당할 것으로 본다. 물론 인터넷뿐만 아니라 스마트폰으로 평가에 참여할 수 있도록 하면 평가 참여자가 더욱 많아질 것이다.

온라인 평가가 시작되면, 참여자는 평가 사이트에 접속하여, 일단계로 참여자 신상에 대한 정보를 입력한다. 중복평가를 예방하려는 의도도 있지만, 평가결과를 활용하기 위함인데, 평가자의 연령이나 거주 지역에 따라 관광매력의 관점이 다를 수 있기 때문이다. 평가 참여자는 각 세부영역별로 동의하는 수준에 따라 1~5단계의 응답

중 골라서 클릭하면 된다.

- 1단계 : 평가지역 선택
- 2단계 : 평가지역 거주 여부 선택
- 3단계 : 대상 지역에 대한 평가 실시(각 지역을 순차적으로 평가)

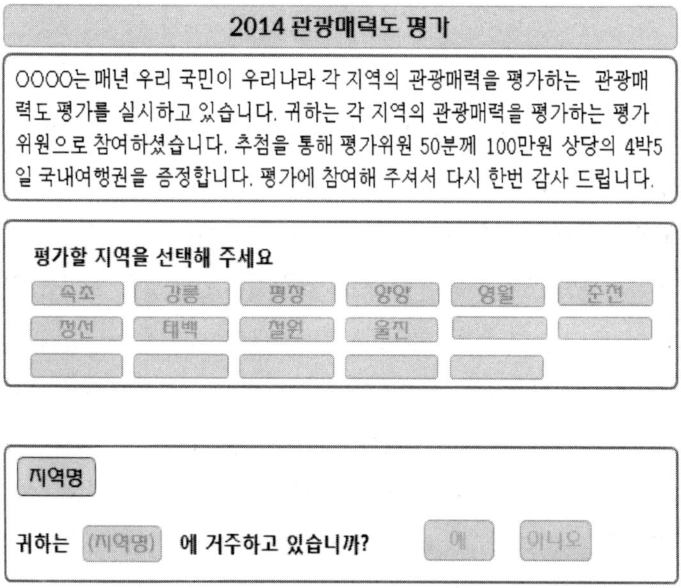

[그림 24] 평가지역 선택화면 예시

지역명

1. 지역주민에 대한 평가

(지역명) 사람들은,	해당사항 없다	전혀 그렇지 않다	그렇지 않다	보통이다	그렇다	매우 그렇다
방문자에 대해 친절하다	⊙	①	②	③	④	⑤
외모/패션에 멋이 있다	⊙	①	②	③	④	⑤
지역민으로서의 자부심이 있다	⊙	①	②	③	④	⑤
사투리/방언을 구사한다	⊙	①	②	③	④	⑤
포괄적으로, (지역명) 특유의 매력이 있다		①	②	③	④	⑤

NEXT >

[그림 25] 지역주민 평가화면 예시

지역명

2. 자연환경에 대한 평가

(지역명) 은,	해당사항 없다	전혀 그렇지 않다	그렇지 않다	보통이다	그렇다	매우 그렇다
바다가 아름답다	⊙	①	②	③	④	⑤
산이 아름답다	⊙	①	②	③	④	⑤
강, 하천, 호수가 아름답다	⊙	①	②	③	④	⑤
자연환경이 잘 보존되어 있다	⊙	①	②	③	④	⑤
포괄적으로, (지역명)은 자연경관이 아름답다		①	②	③	④	⑤

NEXT >

[그림 26] 자연환경에 대한 평가화면 예시

• 4단계 : 평가 참여자 신상정보 입력

관광매력도 평가에 참여해 주셔서 감사합니다.
국내여행 통계 목적으로 귀하의 신상에 관한 간단한 정보를 확인코자 합니다.
본 정보는 귀하와의 연락과 통계 이외의 목적으로는 사용되지 않습니다.

성별	⊙ 남 ⊙여
연령	⊙ 10대 ⊙ 20대 ⊙30대 ⊙40대 ⊙50대 ⊙60대 ⊙70대 이상
직업	⊙ 전문직 ⊙ 사무직 ⊙ 판매직 ⊙학생 ⊙ 전업주부 ⊙⊙⊙⊙⊙⊙
거주지	⊙ 서울 ⊙ 부산 ⊙ 인천 ⊙ 제주 ⊙ 강원 ⊙⊙⊙⊙⊙⊙⊙⊙⊙⊙⊙
연락처	⊙ 이메일 : ⊙ 핸드폰 :

참여해 주셔서 대단히 감사합니다.

[그림 27] 평가종료화면 예시

이러한 절차를 거쳐 진행된 지역매력도 평가를 종합하면, 내국인에게 가장 매력적으로 보이는 지역은 물론, 관광매력 관점에서 각 지역의 장점이나 미흡한 점이 무엇인지를 파악해 낼 수 있는 것이다. 각 지자체들은 지역의 관광매력을 키우기 위해 노력하는 계기를 발견하게 될 것이며, 무엇보다 관광에 대한 관심을 높이고 관광수요를 증가시킬 수 있는 자극제가 생긴다는 점에 큰 의미가 있다. 지역매력도 평가는 특별한 플랫폼을 필요로 하지 않는다. NTO가 평가사이트를 구축하고, 소비자들의 평가 참여를 홍보하고 결과를 분석하여 발표하는 역할이다. 비교적 간단한 플랫폼이지만 그 결과는 상당한 활용가치가 있다. 지역매력도 평가결과는 매력도가 높은 분야와, 매력도의 크기 정도를 추정할 수 있는 형태로 표현할 수 있다.

이를테면 [그림 28]과 같이 평가결과를 나타낼 수 있는데, 첫 번째 그래프에 나타난 지역은 해당지역의 자연환경이 양호하여 환경분야의 매력도가 높게 나왔다는 것을 의미한다. 두 번째 그래프의 지역은 문화수준이 높고 음식, 쇼핑 등 다양한 관광활동이 가능한 지역의 매력도를 나타내며, 세 번째 그래프는 교통, 숙박 등 여행인프라가 양호한 지역에 대한 평가결과이다.

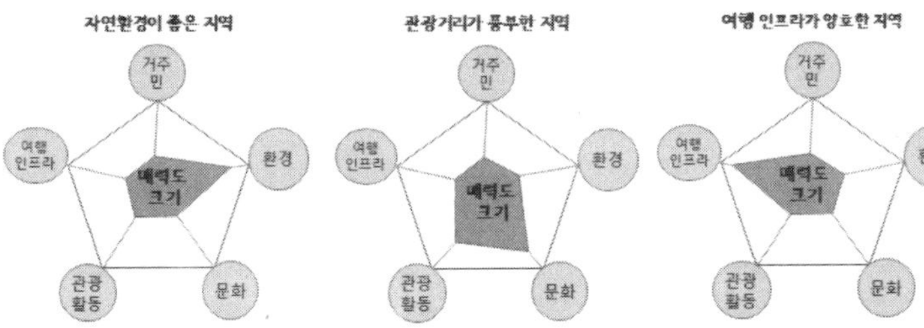

[그림 28] 지역 관광매력도 평가결과 예시

만약 어떤 소비자가 가족여행을 계획할 경우, 이 지역 매력도 평가결과 사이트에 접속하여, 여행형태 영역에서 가족여행을 추천받은 순서대로 지역을 분류하면 된다. 자연경관 감상을 목적으로 할 경우에는 '환경'영역으로 들어가 '자연경관' 평가결과를 검색하면 지역별 순위를 찾아볼 수 있게 된다. 이와 같이 지역 매력도 평가는 지자체 입장에서는 관광진흥 방향을 설정하는 기준이 되고 소비자 입장에서는 여행계획을 세우는 데 훌륭한 참고자료가 된다.

제 5 장

플랫폼 전략을 통한 관광콘텐츠 발굴

1. 관광콘텐츠 개발
2. 기상천외한 관광콘텐츠
3. 플랫폼 전략과 관광콘텐츠

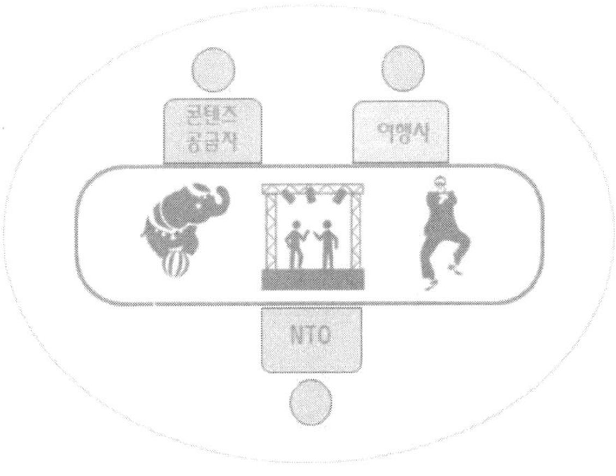

제5장

플랫폼 전략을 통한 관광콘텐츠 발굴

지금까지 관광산업 생태계의 구성요소와 생태계 활성화 추진 방식으로서의 플랫폼 전략에 대해 살펴보았다. 이 장에서는 관광산업 생태계의 발전을 위해 어떤 영역에서 어떠한 노력이 있어야 하는가를 정리해 보고자 한다. 관광산업 생태계는 수요와 공급, 환경적 요소의 상호작용의 결과로 변화하지만, 변화가 곧 발전을 의미하지는 않는다. 따라서 발전적 의미의 변화를 유도하려면 생태계 구성요소들에 대한 긍정적인 자극이 필요하게 된다. 생태계에 대한 자극은 관광산업 육성 노력을 말하는데, 공급부문에서는 인프라 개선, 콘텐츠 발굴, 편의시설 개선노력 등이 해당된다. 수요를 자극하기 위한 홍보, 환경적 측면에서의 제도개선 등도 생태계를 자극하기 위한 노력에 해당된다. 생태계 활성화를 위해서는 여러 구성요소들에 대한 자극을 생각해 볼 수 있지만, 어떠한 것을 자극하는 것이 가장 효과가 있을 것인지를 판단하기는 쉽지 않다.

1. 관광콘텐츠 개발

관광산업 활성화의 관건은 관광수요의 창출이다. 수요의 증가가 없는 공급의 확대는 의미가 없다. 그렇다면 무엇을 통해 관광수요를 진작시킬 것인가? [그림 29]는 소비자의 수요는 관광산업 생태계에서 공급부문의 모든 구성요소들로부터 영향받는다는 것을 나타낸 것이다.

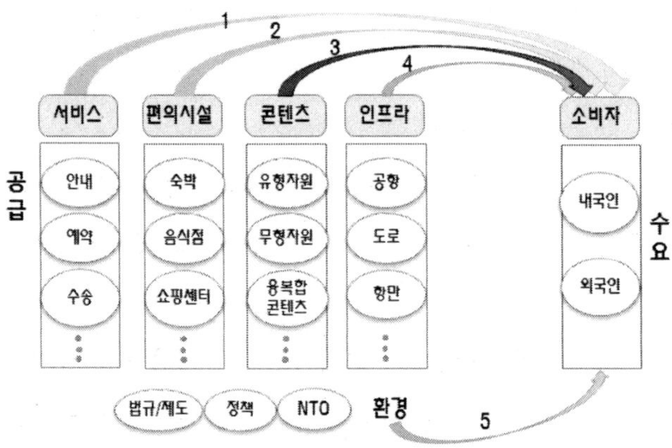

[그림 29] 관광수요의 변화요인

- 1번 화살표는 서비스의 수준과 수요의 관계를 말한다. 여행안내 서비스, 렌터카, 예약 서비스 등 관광부문의 서비스 수준은 관광객의 만족도에 영향을 주고, 나아가 관광객의 재방문이나 구전효과 발생여부에 영향을 미친다.
- 2번 화살표의 편의시설도 수요의 변화에 영향을 준다는 것을 의

미한다. 숙박시설, 레스토랑, 쇼핑센터 등 관광객의 편의를 위한 시설의 수준이 높다면 당연히 선호도가 높아지고, 새로운 수요를 창출하게 된다.

- 3번 화살표는 관광콘텐츠와 수요의 관계를 말한다. 새로운 콘텐츠의 공급은 새로운 수요를 창출하는데, 한류 · 의료관광 등은 콘텐츠의 변화가 수요의 변화를 가져온 대표적인 사례이다.
- 4번 화살표는 인프라와 수요의 관계를 말한다. 공항, 항만, 도로 등의 인프라는 관광목적지의 이미지는 물론 관광객의 만족도에 커다란 영향을 미친다.
- 5번 화살표는 관광산업 생태계의 환경적 요소가 수요에 영향을 준다는 것을 말한다. 예를 들면 중국인의 한국방문 급증에는 비자제도의 변화나 출입국절차 간소화 등도 큰 몫을 하였다는 것이다.

그러면 소비자의 수요 변화에 영향을 주는 5가지 그룹의 요소들 중 가장 영향력이 큰 것은 무엇일까. 소프트웨어적인 서비스도 중요하고, 편의시설도 중요하며, 콘텐츠도 중요하고 그 나라의 인프라 수준도 중요하다. 문제는 공공부문에서 생태계의 모든 요소들에 관여할 수는 없다는 것이다. 관광진흥정책은 제한된 자원을 효과적으로 사용해야 하므로 최소한의 자원으로 최대의 효과를 가져오는 곳에 집중할 수밖에 없다. 그것이 생태계 활성화 노력의 우선순위를 정하는 간단한 원칙이며, 그 원칙을 정하는 주체가 관광산업 메가플랫폼의 관리자인 정부(또는 국가)일 것이다.

- 관광업계의 서비스 수준은 시장의 원리가 적용된다. 서비스 수

준이 높으면 당연히 소비자의 만족도가 올라가고 매출 증대로 연결되며, 반대로 서비스 수준이 낮으면 소비자로부터 외면당하게 된다.

- 편의시설의 경우에도 시장의 논리가 그대로 적용되어 시설수준의 개선이 있어야 수입의 증가가 가능하다. 공공부문이 관여하지 않아도 편의시설업체 스스로가 치열한 노력을 기울이는 곳이다. 관광산업이 일정 궤도에 올라가 있는 경우에는 더욱 그러할 것이다.
- 콘텐츠의 경우는 새로운 콘텐츠를 발굴하여, 소비자에게 알려 수요를 만들어야 하는 프로세스를 거쳐야 한다.
- 인프라의 경우 우리나라만큼 하드웨어가 잘 갖춰진 곳도 많지 않을 것이다. 물론 크루즈 접안시설과 같이 최근의 환경변화로 투자가 필요한 분야가 있겠지만, 예외적인 경우에 해당된다.
- 환경적 요소도 당연히 중요하다. 휴가제도나 공휴일 지정, 초중고교의 방학기간 설정 등도 수요발생에 많은 영향을 준다.

관광을 소비하는 소비자의 입장에서 생각해 보자. 어느 관광객이 경주로 여행을 가기로 한 경우 그 관광객의 경주여행 결심에 가장 큰 영향을 준 것은 무엇일까. 당연히 관광콘텐츠이다. 근사한 호텔, 편리한 교통 다 좋지만, 일단은 '무엇을 보러, 무엇을 즐기러, 무엇을 체험하러…'가 선택의 출발점이 아닌가. 의료관광은 의료라는 콘텐츠가 가장 중요한 여행결정 요소이며, 한류관광은 한류콘텐츠가 결정요소이다. 쇼핑관광은 쇼핑이라는 콘텐츠가 여행결정 요소이다.

콘텐츠를 기준으로 하여 방향을 잡은 다음, 더 편리한 곳, 더 저렴한 곳 등 2차적인 기준들을 적용해 볼 것이다. 따라서 수요변화를 일으키는 가장 중요한 요소는 관광콘텐츠에 있는 것이 일반적이라고 할 수 있다. [그림 29]에서는 화살표 3으로 나타낸 콘텐츠와 수요의 상호작용이 관광수요 변화에 가장 큰 영향을 준다는 것이다.

물론 강원도 오지에 관광지가 새로 생겼을 경우 도로가 만들어져야 하지만, 그런 것은 예외적인 경우이다. 항공노선이 새로 만들어져서 관광수요가 생긴 경우에도, 실제로는 관광자원에 대한 여행수요가 존재하고 있기 때문에 항공노선이 생겨나는 것이다. 비자제도가 개선되어 중국인 관광객이 급증한 경우, 중국 내에서 한국여행에 대한 수요가 형성되어 있으므로 비자제도를 바꾸는 것이다. 물론 비자제도가 바뀜으로써 발생하는 수요도 있지만, 관광콘텐츠에 대한 여행수요가 비자제도 개선의 출발점이 된 것이다. 따라서 관광수요 창출, 즉 관광산업 생태계 활성화의 관건은 새로운 관광콘텐츠의 발굴이며, 여기에 활성화 노력의 주안점이 모아져야 한다. 관광객 친절 서비스도 중요하지만, 대세를 바꾸지는 않는다. 숙박업소들의 서비스도 중요하지만 그것이 대세를 바꿀 수는 없다. 관광지 안내표지판도 중요하지만, 그것이 관광객 유입을 결정적으로 좌우하지는 않는다. 관건은 콘텐츠이다. 관광콘텐츠가 새롭게 발굴되어 새로운 수요가 창출되도록 하는 것이 생태계 활성화 노력의 출발점이다. 수요와 공급의 상호작용으로 거래가 일어나겠지만, 관광분야에서는 일단 콘텐츠 공급이 있고, 그 콘텐츠에 대한 수요가 있고, 그 이후에 서비스나 편의시설의 공급이 뒤따르는 것이 일반적이다.

2. 기상천외한 관광콘텐츠

관광콘텐츠는 관광수요의 대상이다. 관광욕구를 불러일으킬 수 있는 것은 무엇이든 관광콘텐츠가 될 수 있는데, 문화관광, 생태관광, 식도락관광, 농촌관광, 의료관광, 도시관광, 산업관광, 미용관광, 스포츠관광 등에서 보듯 너무나 다양한 콘텐츠들이 발굴되고 있다. 아주 극단적인 사례이지만, 기상천외한 관광콘텐츠를 찾아보겠다.

- Drug Tourism은 글자 그대로 관광콘텐츠가 마약이라는 의미이다. 네덜란드에서는 마리화나를 피우는 것이 너무나 일상적인 일이라고 하는데, 관광객들이 네덜란드를 방문하여 마리화나를 피우고 다니는 것을 Drug Tourism이라고 불렀다. 언론보도에 따르면, 2010년경 암스테르담을 찾은 1,600만 명의 관광객 중 40% 정도가 Drug Tourism이라고 하니 마약관광이 너무나도 흔한 관광인가 보다.
- Tattoo Tourism도 있다. 한국에서는 문신을 새기면 불량스런 것으로 보지만, 문신을 자기표현이라고 생각하는 곳도 많다. 문신을 새기기 위해 문신을 잘 새기는 곳으로 여행을 가는데, 이것이 바로 문신관광, 즉 Tattoo Tourism이다. 물론 여행전문가가 추천하는 문신여행지가 있으며, 문신여행 이벤트도 여러 곳에서 개최된다. Singapore Tattoo Show, Miami Tattoo Expo, New York AM-Jam Tattoo Expo, Sydney Tattoo & Body Art Expo, Moscow Body-Art Festival, The Calgary Tattoo & Arts Festival 등은 문신관광객들이 손꼽아 기다리는 이벤트들이다.

- Dark Tourism, Black Tourism은 또 무엇인가. 1986년에 있었던 체르노빌 원전사고를 기억할 것이다. 지금 체르노빌은 어떤 모습일까. 그 원전사고지역이 관광자원으로 활용되고 있다면 놀랍지 않은가. Dark Tourism은 죽음이나 재난 등의 현장을 둘러보는 관광을 말한다. 체르노빌을 둘러보는 여행상품은 핵발전소 주변 관광뿐 아니라, 물리적/화학적 실험을 위한 리서치센터 방문, 사고 이후 피난했다가 다시 고향으로 돌아온 지역 주민들과의 만남 등이 포함되어 있다고 한다. 방사능 누출 30년이 지나 안전하지만, 목적지 30km 전방의 제한구역에 들어오고 나갈 시에 모든 여행자들은 엄격한 방사능검사를 받아 안전사고에 대비한다고 한다. 이런 식이라면 일본의 후쿠시마 지역도 언젠가는 관광명소로 부활할지 모르겠다.
- Slum Tourism이라는 것도 있다. 우리말로 번역하면 달동네 관광 내지 판자촌 관광이 될 것이다. 브라질의 슬럼가 파벨라는 마피아의 은신처로 위험한 지역으로 알려져 있다. 그러나 2~3년 전에 파벨라를 둘러보는 관광상품이 등장하였는데, 브라질 월드컵을 계기로 수많은 관광객이 파벨라를 방문하고 있다고 보도되고 있다. 가난한 사람들이 살아가는 모습을 보며 마음을 가다듬는 시간이 될지 모르겠지만, 쪽방촌이나 판자촌도 관광의 대상이라니 놀라울 뿐이다.
- Suicide Tourism도 있다. 스위스는 자살이 합법적이라고 한다. 그러다 보니 자살을 위해 스위스로 여행을 떠나는 사람도 있는데, 취리히에서만 1년에 200명이나 된다고 한다. 2011년도에 스위스

에서는 'Suicide Tourism'을 금지하자는 투표를 실시했었는데, 투표자의 70%는 외국인들의 자살여행을 별 문제 없는 것으로 받아들이는 것으로 나타났다고 한다. '우아한 죽음'까지 관광콘텐츠로 등장하는 것을 보면, 관광외화를 벌기 위한 경쟁이 얼마나 치열한가를 알 수 있다. 교과서에 나오는 '관광의 정의'에는 "일상생활을 떠나서 행해지는 소비활동 ~ 반드시 일상으로 돌아온다는 것을 전제로 한다"는 내용이 있다. 여기서 "반드시 일상으로 돌아온다"는 것에서는 죽어서 돌아오느냐 살아서 돌아오느냐는 중요하지 않다는 의미인가 보다.

- Birthing Tourism은 소위 원정출산을 말한다. 출산을 위해 친정이나 시댁에 가는 것도 Birthing Tourism이 되겠지만, 외국으로의 출산여행은 그야말로 여행의 성격이 강하다. 많은 비용을 지출하게 되므로 그 나라 입장에서는 관광외화를 벌어들일 수도 있다. 어떻게 생각하면 의료관광의 영역일 수도 있다. 현재는 국적취득을 위한 불법 여행이겠지만, 어쨌든 관광콘텐츠에는 별의별 것이 다 등장하고 있다. 참고로 신혼여행인 Honeymoon과 Baby를 결합시켜 Babymoon이라는 용어가 사용되고 있는데, Babymoon은 임신상태인 배우자와의 여행을 말하며, 태교여행이라 부르고 있다.
- Mob Tourism은 폭력배 흉내를 내며, 폭력단이 활극을 벌였던 곳을 답사하는 여행이다. 국내 언론에도 소개되었지만, 러시아 상트페테르부르크에는 폭력조직 보스인 블라디미르 쿠마린(Vladimir Kumarin, 러시아 사업가로 80~90년대 폭력조직 두목으로 알려져

있음)이 살해된 곳을 방문하는 여행코스도 운영되고 있다. Mob Tourism은 우리말로 번역한다면 '행님관광' 정도가 되지 않을까. 오래전 인기 드라마였던 모래시계나 무풍지대 등에 등장하는 조폭들의 활동장소를 답사하는 여행 정도일 것이다.

- Space Tourism은 황당하지도 생소하지도 않은 평범한 용어가 되어버렸지만, 비용은 황당한 수준이다. 얼마 전 언론보도에 의하면 우주관광을 준비하고 있는 Virgin Galactic이라는 회사는 1인당 25만 달러(한화 약 2억 7천만 원)의 요금으로 예약을 받고 있다고 한다. 아직 미국 연방항공청(FAA, Federal Aviation Administration)의 승인을 받지 못해 언제쯤 실현될지는 모르겠지만, 2004년부터 준비하였다고 하니 머지않아 우주관광의 시대가 열릴 것으로 기대되고 있다. 2억 7천만 원이면 세계여행을 평생 즐길 수 있는 금액인데, 우주관광으로 한방에 날릴 수 있다니 놀라울 따름이다. 지금까지 우주공간으로 비행해 본 사람은 전 세계적으로 550여 명이라고 하는데, 그 대열에 합류하기 위한 비용은 실로 엄청나다.
- Extreme Tourism은 극단적인 모험이나 스릴을 즐기는 여행형태로 쇼킹 투어리즘 정도로 번역할 수 있다. 까마득한 계곡 아래로 떨어지는 번지점프나 위험한 밀림지역을 탐험하는 것도 Extreme Tourism의 하나이다. 러시아에서는 미그29기를 타고 러시아 상공을 날아보는 투어도 있다고 한다. 구소련의 미그29 전투기, 그것도 정비 불량으로 언제 추락할지도 모르는 채, 마하의 속도로 상공을 비행하는 것 자체는 정말 스릴 넘치는 모험관광이 아닐까.

우리나라의 정서에는 맞지 않지만, 구미주에서는 나체주의(Naturism)도 인기 있는 관광콘텐츠이다. 예를 들면 프랑스 관광공사(Atout France)의 사이트(www.franceguide.com)에는 프랑스 전국에 퍼져 있는 Naturism 관광지가 체계적으로 홍보되고 있다. 이와 같이 가서 볼 수 있거나 즐길 수 있는 모든 것들이 관광콘텐츠로 활용될 수 있는데, 위의 사례들은 희귀한 경우겠지만, 관광콘텐츠라는 것이 상상력만 발휘하면 무궁무진하다는 것을 시사하고 있다. 우리나라에서도 과거에는 DMZ를 관광자원으로 활용할 것이라고 감히 누가 생각했겠는가. 비무장지대의 북한군 초소가 통일 후에는 관광자원으로 활용될 것이며, 휴전선 일대가 병영체험으로 유명한 관광지가 되지 말라는 법은 없을 것이다. 관광객들이 군복을 입고, 총을 메고, 휴전선을 돌아보고, 저녁이면 천막식 호텔에서 숙박하고, 소위 짠밥을 먹으며 병영체험을 하는 날도 있지 않겠는가.

3. 플랫폼 전략과 관광콘텐츠

점프, 난타 등 공연들이 관광콘텐츠로 자리 잡기 시작한 지가 10여 년이 넘었다. 반가운 것은 드로잉쇼, 사춤 등 새로운 공연 콘텐츠들이 계속 발굴되면서 공연관광이 인기 콘텐츠로 자리 잡았다는 것이다. 공연관광의 발전에도 플랫폼 방식의 노력이 있었다. 난타나 점프 등도 초창기에는 내국인 대상의 공연이었다. 공연기획사 측은 고객을 확보해야 하고 NTO인 한국관광공사 입장에서는 외국인 관광객들에게 볼거리를 제공해야 하므로 양쪽의 이해관계는 자연스럽게 맞아떨어진다.

- 공연기획사는 공연 관람객을 확보해서 매출을 올려야 한다. 지금까지 내국인을 대상으로 하였으나, 신규시장 개척 차원에서 외국인 관광객을 확보해야 한다.
- 한국관광공사는 외래관광객 유치를 위해 새로운 관광콘텐츠를 발굴해야 한다.

한국관광공사와 공연기획사가 참여하는 플랫폼에서 관광공사의 역할은 외국인 관광객을 데려오는 것, 즉 신규 관람객을 확보하는 것이다. 해외에서 공연콘텐츠에 대한 홍보를 통해 수요를 창출하면 일부는 여행사를 통해, 일부는 개별여행을 통해 방한하게 하는 방식이다.

- 관람객 유치는 개별관광객보다는 단체관광객들을 대상으로 하는 것이 유리하기 때문에, 관광공사는 1단계로 한국여행상품을 취급하는 해외 여행사의 상품기획자나 사장들을 초청하여 팸투어를 실시한다.
- 여행업자들은 팸투어를 통해 공연상품의 타당성과 판매가격 등을 검토하고, 신상품이 구성되면 판매에 들어간다.
- 한국관광공사는 언론인을 초청하여, 공연장을 답사시키고 해외 언론에 한국의 공연에 관한 기사가 실리도록 한다.
- 한국소개 팸플릿, 영상 등 모든 홍보매체에 공연들을 소개하며,

필요시 공연단과 해외에서 개최되는 한국관광설명회에 참가하여 현지인을 대상으로 공연을 진행하기도 한다.

대략 위와 같은 과정을 거쳐 공연들이 외국인 관광객들의 인기 콘텐츠로 자리 잡아 가고 있다. 대부분의 공연들이 처음에는 순수 예술차원에서 개발되었겠지만, 이제는 기획단계부터 외국인 관객을 염두에 두고 만들어지고 있어 공연기획사와 관광진흥기관의 협업의 여지는 더욱 커지고 있다. 이와 같은 플랫폼 방식의 콘텐츠 발굴은 공연관광에 국한되지 않으며, 거의 모든 관광콘텐츠들이 이러한 과정을 거쳐 인기 콘텐츠로 자리 잡아 왔다.

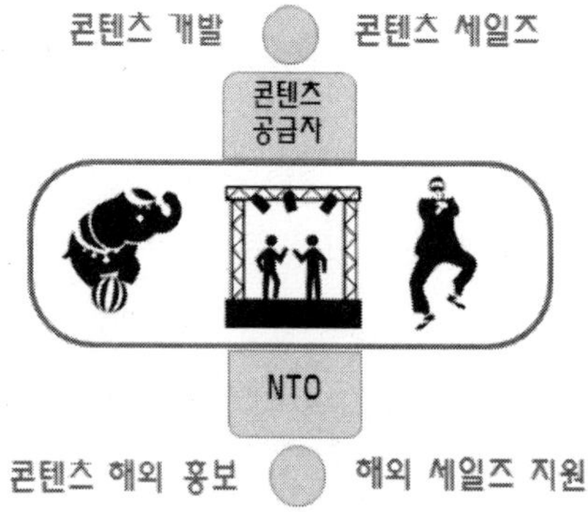

[그림 30] 관광콘텐츠 발굴 플랫폼

[그림 14]에서 설명한 외래관광객 유치 프로세스에서 관광콘텐츠 개발은 세일즈 이전 단계에서 일어나게 되는데, 해외시장에서 브랜딩 활동이 전개된다면, 국내에서는 관광콘텐츠를 발굴하거나 관광

상품을 개발하는 소위 인큐베이팅 활동이 동시에 진행된다(제2장 [그림 14] 참조). 인큐베이팅 역시 플랫폼 방식으로 진행되며, 플랫폼 참여자는 관광콘테츠 공급자, 여행업계 그리고 콘텐츠 홍보나 세일즈 지원을 담당하는 NTO가 된다. 관광콘텐츠 발굴 플랫폼은 [그림 14]로 나타낸 마케팅 프로세스의 일부인데, 이를 그림으로 연결하면 [그림 31]과 같다.

웰빙, 힐링이 화두로 등장하면서 관광행태도 변하고 있는데, 최근에 등장한 가장 주목받는 관광지를 꼽으라면 올레길, 물레길, 둘레길, 봄내길… 소위 도보여행 코스를 들 수 있다. '우리나라 좁은 땅덩어리에 무슨 새로운 관광콘텐츠가 있을까'라는 생각을 하던 사람들도 올레길과 물레길을 알게 되면 생각이 바뀌지 않을까. 올레길은 너무나 유명해져서 언급할 필요가 없지만, 물레길이 갑자기 유명해진 데에는 어떤 노력이 있었을까? 춘천의 물레길을 띄우기 위해 지

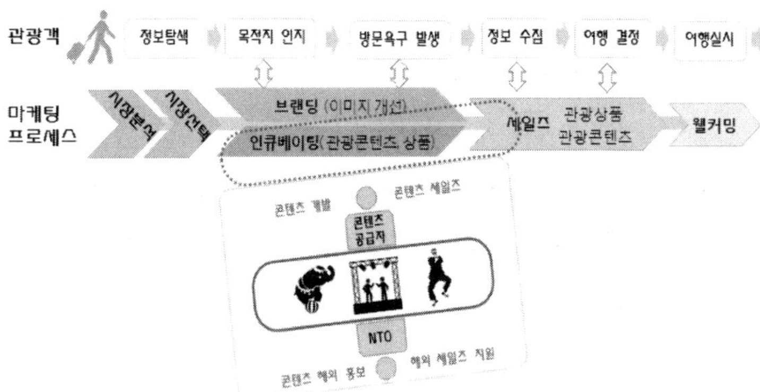

[그림 31] 마케팅 프로세스와 관광콘텐츠 발굴 플랫폼

자체와 NTO의 협력체계, 즉 플랫폼이 마련되었다. 물레길의 조성이나 정비는 지자체에서 맡았지만, 수요 창출을 위한 홍보활동의 대부분은 NTO인 한국관광공사가 참여하였다.

물레길을 담은 TV 광고가 실시되었으며, 공중파 방송의 모닝와이드라는 프로그램에도 물레길이 소개되었다. 오프라인 홍보물로 포스터가 제작되어 기차역, 게시판, 학교 등에 부착되었다. 주한 외국인을 대상으로 한 홍보 차원에서 아리랑 TV에도 물레길이 소개되었으며, 여행분야 언론인을 대상으로 팸투어를 실시하여, 물레길 관련 기사가 전국적으로 노출되었다. 물론 인터넷 사이트와 SNS를 통한 전파활동도 지속되었다. 이러한 노력을 지자체가 단독으로 실시한다면 얼마나 많은 비용이 들어가야 할까? 한국관광공사는 예산을 투입하기도 했지만, 기존에 보유하고 있던 채널을 통해 보다 적은 비용으로 손쉽게 홍보효과를 거둘 수 있었던 것이다. 새로운 관광콘텐츠라는 것이 대부분 이러한 방식으로 등장하고 있다. 하드웨어만 갖춘다면 관광객들이 찾아올 것으로 생각하기 쉽지만, 현실은 그렇지 않다. 소비자 입장에서 보면 갈 곳은 너무나 많지만, 돈과 시간은 극히 제한되어 있다. 따라서 새로운 관광콘텐츠는 소수의 관광객만이 선택하게 되므로, 관광콘텐츠를 발굴하기 위해서는 협업이 가능한 플랫폼을 통해 콘텐츠를 개발하고 홍보하는 것이 안전하고 효과적인 방법일 것이다.

제6장

소비자의 편의증진을 위한 플랫폼

1. 해외여행상품 품질인증 플랫폼
2. 해설사/가이드 플랫폼
3. 자전거여행 활성화 플랫폼
4. 관광달력 만들기 플랫폼

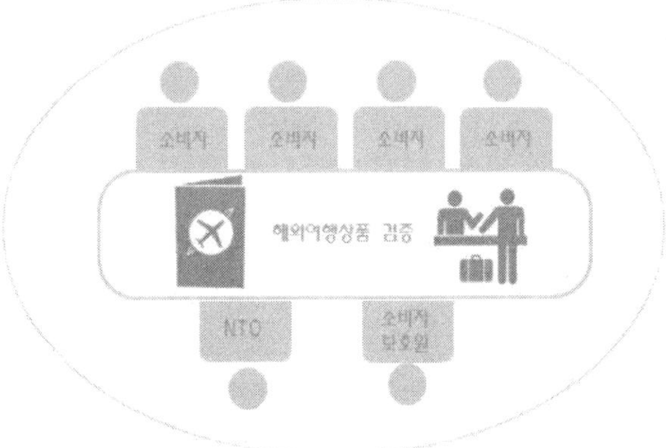

제6장

소비자의 편의증진을 위한 플랫폼

1. 해외여행상품 품질인증 플랫폼

해외여행상품에 대한 불만은 어제 오늘 일이 아니다. 패키지 상품의 부실, 바가지요금, 여행취소 위약금 과다부과 등 여러 가지 문제점이 제기되어 왔다. 최근에는 한국관광공사와 소비자보호원이 해외여행상품의 약관을 개선하는 등의 노력을 기울이고 있어 나아지고 있지만, 해외여행상품에 대한 소비자의 불만이 완전히 해소되기는 어려울 것이다. 소비자의 권리가 공공기관에 의해서만 지켜질 수는 없으며, 더구나 여행상품의 내용은 여행에 직접 참여해 본 소비자만이 실태를 파악할 수 있으므로, 소비자에 의한 여행상품 품질인증 방식이 필요할 것으로 본다. 여행이 취소된 경우의 환불이나 여행계약 취소과정의 위약금 문제는 전후좌우가 명확하므로 소비자보호원이나 여타 정부기관에 의해 어느 정도 보호받을 수 있을 것이다. 그러나 여행계약과 실제 여행내용이 일치하지 않아 생기는 불만은 해소하기가 쉽지 않다. 여행상품의 가격대비 실제 만족도에 대한 불만은 실제 여행에 참여하였던 소비자의 소감이 가장 정확한 판단기준이 될 것이다. 따라서 여행상품 이용 경험자가 그 상품에 대한 평가를 올리면, 그 상품을 구입하려는 소비자가 평가를 읽도록 유도하는 일반적인 온라인 후기 방식으로 이 문제를 풀어보고자 한다.

일단 공공기관에서 해외여행상품 인증 사이트를 개설해야 한다. 이 사이트는 국내에서 판매되는 해외여행상품의 일정과 비용, 판매 여행사 등이 열람되도록 해야 한다. 그리고 중요한 것은, 소비자가 그 여행상품에 대한 후기를 올리고 만족도를 평가할 수 있도록 해야 한다. 만족도는 단순 만족도가 아니라, 여행계약과 실제 상품의 일치여부, 숙박이나 교통편의, 안내원의 친절성, 가격대비 만족도 등 다양한 관점에서 평가할 수 있도록 해야 한다. 해외여행 상품을 구입하기 전 소비자들은 이 사이트에 접속하여 만족도가 높은 상품이 어떤 것인지 스크린한 후 구입여부를 결정하게 될 것이다. 그러면 자연스럽게 품질이 나쁜 여행상품은 도태될 것이고, 만족도가 높은 상품만 살아남게 될 것이다.

그런데 이 사이트에 해외여행상품을 어떻게 등록시킬 것인가가 문제라는 것이다. 여행사들은 물론 자신들이 판매하는 상품을 등록하고 싶어 하지 않을 것이다. 그러나 소비자들은 여행상품 인증 사이트가 있다는 것을 알면 그 사이트에 접속해서 검색해 보려고 할 것이다. 따라서 여행상품을 판매할 경우, 여행상품 인증 사이트에 등록된 상품은 등록여부를 알려주는 표시(인증마크)를 하게 되면 소비자들의 관심을 더 많이 받게 되고, 판매 가능성이 더 높아지는 것이다. 소비자들이 여행상품 인증 사이트에서 검증받은 상품을 선호하고 구입할 가능성이 높아진다면, 여행사들도 자신들의 상품을 검증 사이트에 올릴 수밖에 없을 것이다. 단순히 검증 사이트에 올렸다는 사실을 넘어 소비자들이 올린 평가결과를 보면, 그 상품의 품질은 제대로 평가할 수 있게 된다. 이러한 방식이 정착되면, 여행상품 검증 사이트에 올리지 않은 상품들은 판매가능성이 낮아지며, 여행사들은 자신들의 상품을 검증 사이트에 올려 소비자들의 평가를 기다릴 수밖에 없게 될 것이다.

그렇다면 검증받은 상품과 검증받지 않은 상품의 구별은 어떻게 할 것인가. 이 검증 사이트에 올려 소비자들의 검증을 받는 상품에 한해서 검증마크를 사용할 수 있도록 해야 하며, 검증 사이트에 올리지 않은 상품에 검증마크를 부착한 사례 역시 검증 사이트에 올려 소비자들에게 알림으로써 그 여행사가 불이익을 받도록 해야 할 것이다. 여행상품 검증 사이트에는 검증절차가 없으면서 검증받는 상품이라는 표시를 한 여행상품과 해당 여행사를 검색할 수 있는 코너도 있는 것이다.

소비자가 여행상품을 평가할 수 있도록 하기 위해서 초기에는 평가 참여자에게 인센티브를 제공하는 방식이 필요하다. 평가에 참여한 사람들에게 단순히 추첨을 통해서 경품을 제공한다거나, 우수한 여행후기를 올려 추천(좋아요)을 많이 받은 평가자에게 인센티브를 제공하는 등의 방식이 가능하다. 초기에는 많은 평가가 축적되도록 유도하는 당근정책을 써야 하지만, 검증 사이트가 정착되면, 패키지 여행 참가자에게 여행안내원들이 검증 사이트에 좋은 평가를 올려 달라고 부탁하는 경우도 생길 것이다. 소비자 만족도를 높이는 것이 최고의 판매정책이 아닌가. 이러한 여행상품 검증 플랫폼의 참여자는 플랫포머인 공공기관(소비자보호원과 한국관광공사 공동)과 불특정 다수인 여행상품 소비자가 될 것이다.

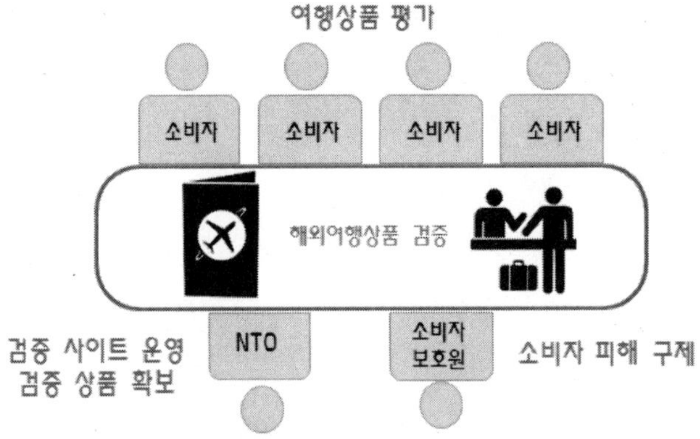

[그림 32] 해외여행상품 검증 플랫폼

NTO는 검증 사이트를 구축하고 운영하며, 여행사 등의 관광업계를 대상으로 검증 사이트를 통해 소비자의 검증을 받고자 하는 여행상품을 확보하는 역할을 한다. 소비자보호원은 여행상품과 관련된 불공정 거래행위를 시정하고, 소비자 피해사례를 구제하는 역할을 한다. 여기서 가장 중요한 역할은 소비자들이 타 소비자들을 위해 여행상품을 평가하고 검증내용을 올리는 것이다. 검증 사이트를 통해 구현되어야 할 기능들은 이미 인터넷에서 자리를 잡고 있으나, 체계적이지 않으며, 단순한 사용기를 올리는 것에 불과하다. 여행상품, 호텔, 가이드 등 여행 소비자가 접하게 되는 다양한 분야를 체계적으로 검증하기 위해 공공기관이 주도적으로 나설 필요가 있다. 여행상품 검증 플랫폼이 안정되면, 해외여행을 떠나려는 사람은 누구나 검증프로그램을 통해 여행상품이나 편의시설, 여행사, 가이드 등에 대한 소비자들의 검증내용을 살펴볼 수 있게 될 것이며, 여행상품과 관련된 피해사례는 크게 줄어들 것으로 본다.

2. 해설사/가이드 플랫폼

여행을 하다 보면 가이드나 해설사가 있었으면 좋겠다는 생각을 하는 경우가 많다. 안내표지판은 대부분 무미건조하고 내용도 부족하며, 음성안내시스템으로는 실감이 나지 않기 때문이다. 그럼 어떻게 해야 할까. 스마트폰의 여행안내 앱을 띄우면, 해설사 매칭 기능이 있다. 여행지를 부석사로 선택하면, 부석사 전문 해설사들의 리스트가 떠오르고, 해설사들에 대한 소비자 평가가 표시된다. 김○○ 해설사는 별 다섯 개를 받았는데, 비용은 시간당 50,000원으로 비싸지만, 해박한 지식과 재미있는 화법으로 관광객을 사로잡는다는 평가다. 이○○ 해설사는 일본어를 구사하는 것은 장점이지만, 해설내용이 재미없었다는 평가가 올라가 있다. 이러한 해설사 후기를 보고 전화나 이메일을 통해 해설사와 접촉하면 된다. 이러한 방식의 해설사 소개 시스템은 어떻게 만들 수 있을까?

NTO 주관으로 해설사 안내체계를 구축할 수 있으며, 진행방식은 역시 플랫폼 전략이다. 플랫폼이라고 하지만, 아주 간단하다. NTO와 참여 해설사만 있으면 된다.

- NTO는 플랫폼에 참여할 해설사/가이드를 모집한다. 물론 자격증이 있어야 하고, 공공부문에서 추진하는 만큼 자질 검증이 필요하다.
- 참여자(가이드/해설사)는 이력을 모두 공개하고, 플랫포머의 정책이나 활동규칙을 수용하여야 한다.
- NTO는 사이트를 구축하고, 앱을 개발하며, 참여자들의 정보를 올린다.
- NTO는 소비자에게 해설사/가이드 안내시스템과 앱의 존재를 알린다.

이 플랫폼의 핵심은 소비자에 의한 해설사 능력 검증이다. 사업 초기에는 플랫폼 이용자가 적을 것이므로, 해설사 이용 평가를 올리면 기념품이나 혜택을 주는 이벤트를 실시하여 이용을 유도하여야 한다.

이 플랫폼의 장점은 소비자에 의해 검증을 받는다는 것과, 해설사/가이드 스스로의 자질향상이 이뤄진다는 것이다. 플랫폼에 참여하는 가이드/해설사는 안내 수수료를 공지하여야 하며, 안내 수수료의 적정성은 소비자가 평가하게 된다. 소비자의 해설사 평가항목에는 해설의 우수성과 더불어 비용의 적정성도 평가하게 되며, 만약 사기나 바가지 사례가 발생하면 그 해설사는 플랫폼에서 퇴출당하게 된다. 평가가 좋은 우수 해설사들은 당연히 수입이 늘어나게 되고, 더욱 열심히 하는 동기부여가 이뤄진다. 신규진입 해설사들은 정상의 자리를 차지하기 위해 열심히 벤치마킹하고 노력할 것이다. NTO의 역할은 우수자를 선발하여 이달의 최우수 가이드/해설사 리본을 부여하고, 해설사나 가이드 교육 시 강사로 초빙하면 된다. 또한 연도별 최우수 해설사를 선정하여 그 사람의 관광안내 건수, 연관된 수입 등을 공개하게 되면, 유인효과가 크지 않을까. 청년실업의 해소 차원에서 자질 있는 젊은이가 가이드/해설사로 발굴되는 효과도 있을 것이다. 중국어 가이드의 자질 문제가 뉴스거리로 자주 등장하고 있는데, 이 방식이 가능할 수도 있다. 물론 스마트폰을 이용한 음성안내 시스템도 보급하고 있지만, 음성안내와 해설사의 직접 안내는 느낌이 다를 수밖에 없을 것이다.

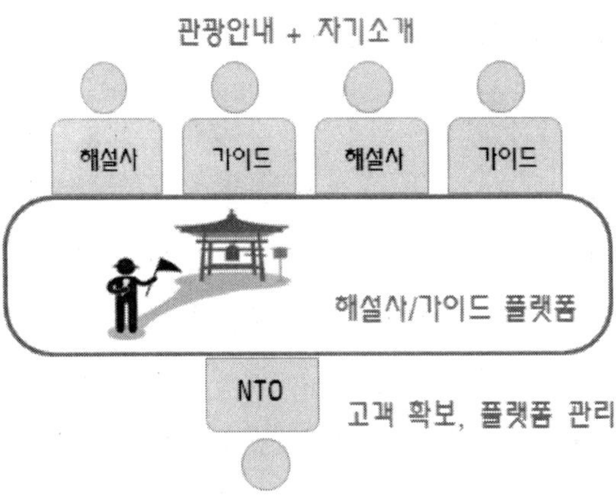

[그림 33] 해설사/가이드 플랫폼

한편 이러한 방식의 가이드 소개 플랫폼은 우리 국민의 해외여행 편의 차원에서도 가능하다. 물론 기존 여행사를 활용할 수도 있지만, 개별여행이 대세이므로 언어소통이 불편한 지역에서 한국어가

가능한 가이드를 찾게 해주는 것도 필요한 서비스가 아닌가. 가칭 한국어 가이드 안내 플랫폼은 우리 국민이 즐겨 찾는 해외여행지별로 한국어 가이드를 검색하여, 소비자 평가를 보고 가이드를 선택할 수 있으며, 비용이 얼마인지도 확인할 수 있게 하면 될 것이다. 패키지 여행에 익숙하여 개별여행이 선뜻 내키지 않는다면, 가이드/해설사 안내 플랫폼에 접속하여 가이드를 찾아보고 여행팁을 미리 받아보자. FIT가 대세를 이루는 현실을 고려하면, 해설사/가이드 플랫폼은 시의적절한 방식이 아닐까.

3. 자전거여행 활성화 플랫폼

위와 같이 대부분의 관광콘텐츠들이 플랫폼 방식으로 발굴되어 인기 관광거리로 자리 잡는 과정을 거쳐 갔다. 민간부문이 창작한 문화예술분야의 콘텐츠, 또는 지자체가 개발한 국민복지나 레저활동 차원의 콘텐츠들도 관광콘텐츠로 활용되고 있다. 최근에는 자전거여행에 대한 관심이 크게 증가하고 있는데, 수도권 거주자들의 지방여행 촉진 방안으로 자전거여행을 활성화시킬 수 있는 방법을 생각해 보기로 하자. 수도권 거주자가 지방에서 자전거여행을 할 수 있는 방법은 없을까. 물론 현지에서 자전거를 빌리면 된다. 그러나 유원지에서 잠시 자전거를 타는 정도가 아니라 자전거여행를 즐기려는 사람들은 본인의 자전거를 타고 싶어 하지 않을까. 따라서 자전거를 지방으로 가져갈 수 있는 간편한 방법이 있어야 한다. 여기에 착안하여 자전거여행 플랫폼을 만들어보자. 전남 목포를 자전거 투어 명소로 키운다고 가정해 보자. 수도권의 자전거 동호인을 유치하려면 그들이 자전거를 지참하고 수도권에서 목포까지 이동할 수 있는 수단이 있어야 한다는 것이며, 그 문제는 철도를 통해 해결할 수 있다. 코레일은 KTX에 자전거 전용칸을 설치하고 자전거 전용칸의 예약을 받아 판매할 수 있다. 그리고 목포의 KTX역에는 자전거 주차장이나 보관소를 만든다.

목표시의 현안은 영산호 주변과 해안가에 자전거 도로를 만드는 것이다. 해안과 강, 호수를 조망하는 자전거 도로는 타 도시의 자전거 도로보다 경쟁력이 있으며, 당초부터 자전거 관광객을 겨냥하고 만든다면, 휴게시설, 화장실, 자전거 점검 코너 등을 제대로 갖출 수 있을 것이다. 자전거 도로는 KTX역과 연결되어 있으므로 관광객들은 역에서부터 곧장 자전거 투어를 시작할 수 있는 것이다. 여기서 중요한 것은 자전거 관광객을 모집하거나 유치하는 것이다. 그것은 NTO의 몫인데, NTO는 자전거 동호회를 대상으로 목포의 자전거길 답사를 실시하고, 이벤트를 개최하며 다양한 홍보활동을 펼친다. 이러한 방식을 정리하면 목포의 자전거 투어 활성화 방법은 목포시와 코레일 그리고 NTO가 참가하는 플랫폼 방식으로 진행되는 것이다. 플랫폼에 참여함으로써 목포시는 홍보비용을 들이지 않고 자전거 관광객을 유치하게 되며, 코레일은 새로운 고객층을 발굴하고 자전거 운반이라는 새로운 영업거리를 가지게 되므로 손해 볼 것이 없는 플랫폼이다. 이러한 방식이 목포에서 성공하면 KTX 역사가 있는 전국의 도시로 확산될 수 있지 않을까.

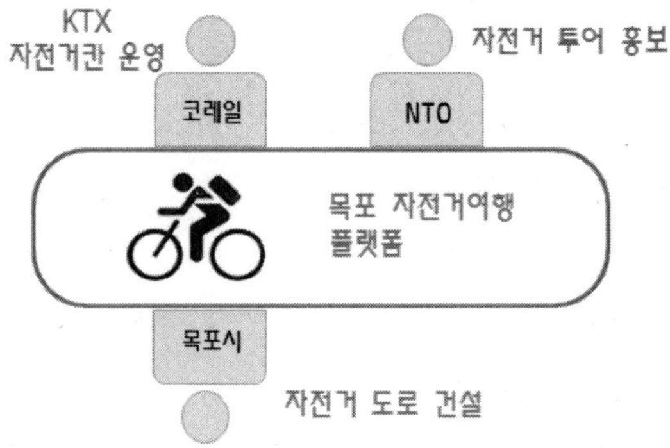

[그림 34] 자전거여행 활성화 플랫폼 사례

현재 중앙선 철도에는 자전거 전용 열차가 하루 8회 정도 운영되고 있는데, 엄격히 말하자면 자전거 전용이라기보다는 자전거를 지참한 승객용 열차이다. 보다 본격적으로 철도를 활용하는 자전거여행이 활성화되기 위해서는 자전거 전용 열차의 내부시설 개조, 철도역사 및 역사 접근로 개보수, 철도역과 연결된 자전거 도로 개설 등 갈 길이 멀다. 코레일과 지자체, NTO 등이 참여하는 플랫폼을 형성하여 자전거여행 활성화를 추진해 보면 어떨까.

4. 관광달력 만들기 플랫폼

플랫폼 전략의 실천으로 관광산업 생태계는 새로운 변화가 일어나고, 다양한 관광사업체가 새롭게 등장하게 될 것이다. 관광업계에 신규로 진입한 업체들은 우선 눈에 보이는 양질의 홍보물을 필요로 하게 된다. 대형 호텔이야 홍보능력을 갖추고 있지만, 굿스테이, 농가민박, 베니키아, 공연기획사 등이 자체적으로 홍보물을 만들기는 쉽지 않다. 이제 NTO를 중심으로 홍보달력 플랫폼을 구성해 보자.

- NTO는 관광지의 아름다움을 담고 있는 사진을 보유하고 있다.
- NTO는 홍보물 제작 노하우를 보유하고 있으며, 매년 홍보달력을 만들어 전 세계에 배포하고 있다.
- 굿스테이 운영자나 농촌민박(전원 스테이) 농가 등 관광사업체들은 인테리어에 대한 욕구를 가지고 있다.

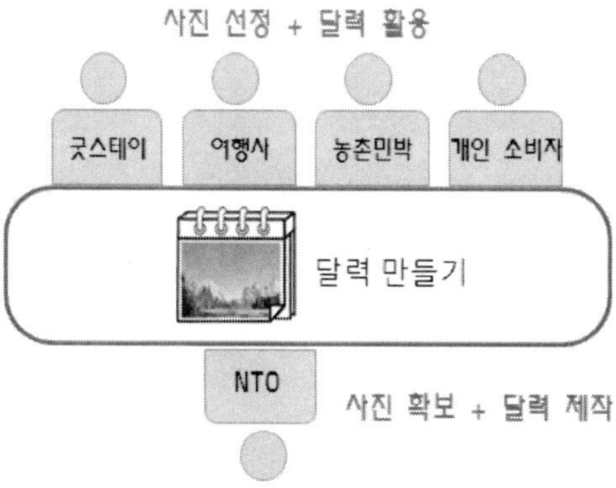

[그림 35] 관광달력 만들기 플랫폼

이 플랫폼 역시 아주 간단한 원리이다. NTO는 일단 다양한 유형의 달력 템플릿을 만들어야 한다. 예를 들면 전원형 템플릿은 농촌민박의 아름다운 전경이나 농촌체험 장면을 주제로 한 것이다. 산수형은 아름다운 자연의 모습을 주제로 한 것이며, 문화유산형은 유적지를 주제로 한 템플릿이다. 이러한 방식으로 달력의 주제를 다양하게 정해놓고, 숫자판도 메모가 가능토록 한 것, 노인층에 좋도록 날짜를 크게 표시한 것 등으로 다양하게 조합할 수 있도록 준비한다.

- 참여자는 NTO의 홍보물 사이트에 접속하여 달력의 템플릿을 선정한다. 템플릿에 담을 사진을 고르고, 숫자판도 선택하며, 달력 아래에 실게 될 참여자의 상호나 연락처 등의 정보를 올린다.
- 참여자의 신청이 이뤄지면, 가상의 달력을 인터넷으로 확인하고 수정단계를 거친다.
- 달력의 모양이 확정되고, 참여자가 인쇄수량을 제시하면 NTO는 소요비용을 산출하여 알려주며, 참여자가 승낙하면 인쇄를 하게 된다.

이와 같은 과정으로 제작하게 되면, 참여자는 사진을 보유하지 않아도, 원하는 달력을 만들어 홍보물로 활용하거나 업소에 게시하게 된다. 달력의 경우 선택사항이 다양하지만, 만약 관광사진을 주제로 한 액자를 만든다고 하면 아주 간단하다. 플랫폼 참여자는 NTO의 사이트에 들어가 사진을 선택하고, 프레임과 크기를 결정하고 비용을 확인하게 된다. 제작을 승인하면 곧 멋진 홍보액자를 배달받아 벽에 걸기만 하면 될 것이다. 이러한 방식은 아주 간단한 사례지만, 전국의 민박농가나 굿스테이 벽면에 아름다운 관광사진이 걸린다면 그 업체만 홍보되는 것은 아닐 것이다.

제 7 장

플랫포머의 정체성과 전략

1. NTO의 전략 설정 프로세스
2. NTO의 미션
3. NTO의 비전과 전략
4. 해외 NTO의 미션과 비전 설정 사례

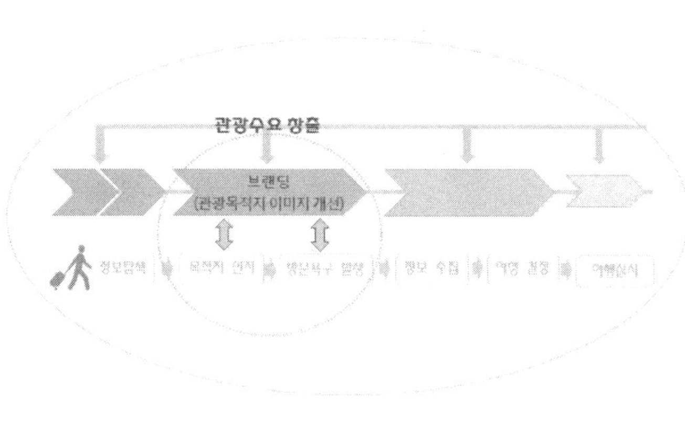

제7장

플랫포머의 정체성과 전략

앞에서 국가적 차원에서 관광산업 육성을 위해 일종의 메가 플랫폼을 구성하여 정부가 플랫폼을 관리하고 있음을 설명한 바 있다. 관광산업 생태계의 관점에서 보면 메가 플랫폼의 형성은 관광산업 생태계를 활성화시키기 위한 방법이며, 메가 플랫폼을 관리하는 것이 관광산업 활성화를 위한 정부의 관광정책이라고 할 수 있다. 그런데 관광산업의 모든 영역에 대해 정부가 직접 관여하는 것이 아니라, 정부는 관광정책 수립과 행정업무를 담당하고 정책을 실행하는 별도 조직을 공공기관 형태로 설립하고 있는데, 그 조직이 국가관광진흥기구인 NTO(National Tourism Organization, 관광공사)이다. NTO는 정부의 정책을 실행하는 위치에서 민간부문이 감당하지 않는 영역인 국가 또는 지역 단위의 관광홍보에 특화되어 활동하고 있다. 그러나 관광행정조직인 NTA(National Tourism Administration)로서의 정부와 NTO의 역할은 명확히 구분되지 않는데, 메가 플랫폼의 플랫포머는 정부이지만 수많은 하위의 플랫폼들에서는 NTO가 플랫포머의 역할을 하면서 정부와 서로 영향을 주고받기 때문이다.

2011년에 미국이 연방정부 차원의 관광진흥기구인 Brand USA를 설립하였듯이 관광산업 활성화 과정에서 플랫포머로서의 NTO의 역할과 기능에 대한 전 세계의 관심은 더욱 커지고 있다. 거의 모든 국가에 NTO가 존재하지만, NTO의 역할이나 기능은 그 나라 관광산업이 처한 특수한 환경을 반영하지 않을 수 없으므로 각국 NTO들의 정체성과 그들의 전략에도 차이가 존재한다. 이번 장에서는 외래관광객 유치라는 NTO들의 공통적인 활동방향을 중심으로 하여 정체성과 전략에 대해 살펴보고자 한다.

1. NTO의 전략 설정 프로세스

각국의 NTO는 대부분 공공기관의 형태로 운영되지만, NTO도 하나의 기업 조직이므로 기업으로서의 전략체계를 가지게 된다. NTO는 주어진 미션 달성을 위한 전략을 설정하고, 그 전략에 따라 사업을 수행하며, 사업결과를 반영하여 전략을 수정하는 지속적인 프로세스를 거치고 있다. NTO의 전략은 NTO 스스로에게만 중요한 것이 아니라, 관광업계 · 정부 등 관광산업에 대한 모든 이해관계자들에게 영향을 줄 수 있는 만큼 중요한 의미를 가진다. NTO가 전략을 설정하거나 수정하는 과정에는 다양한 방법이 있겠지만, 대체로 [그림 36]과 같은 프로세스로 진행된다. NTO 전략수립의 첫 단계는 내외부 환경분석이다. NTO의 입장에서 중요한 외부환경은 정부의 정책, 경제여건 등이며, NTO가 가장 중요한 역할을 해야 할 관광산업을 분석하는 것도 환경분석의 핵심이다. 더불어 NTO의 내부 역량에 관한 분석을 통해 인적·물적 자원과 핵심역량을 파악하게 된다. 이러한 환경분석의 결과를 토대로 NTO의 궁극적 존재이유를 나타내는 미션과 비전을 설정하고, 미션과 비전의 달성을 위한 경영목표를 설정하게 된다. 그 다음 단계로는 경영목표 달성을 위한 전략을 세우고, 전략들을 실행하기 위한 전략과제를 설정한다. 전략과제들에 대해서는 각각의 실행계획이 수립되고, 실행계획에 의해 사업의 형태로 과제실행 단계가 이뤄진다. 과제가 실행되는 과정에서 개별 과제 또는 전체 전략의 효과나 타당성에 대한 모니터링이 진행되며, 모니터링 결과에 따라 전략 또는 전략과제들에 대한 개선작업이 이뤄진다. 이와 같은 방식으로 NTO의 전략은 끊임없이 수정되고 개선되는 과정을 거치게 된다.

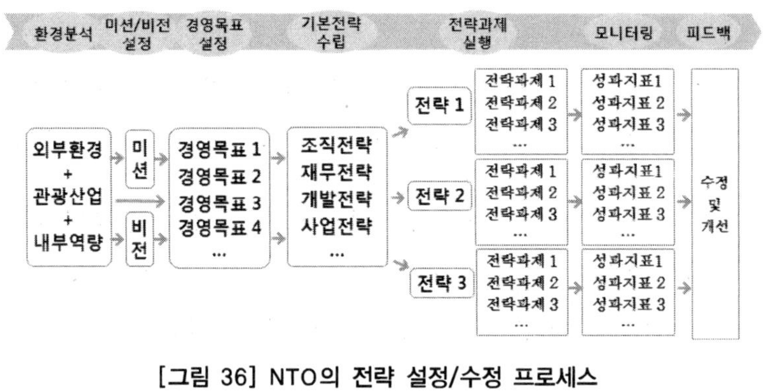

[그림 36] NTO의 전략 설정/수정 프로세스

2. NTO의 미션

NTO는 정부의 관광정책을 관광산업의 현장에서 대행하거나 정부의 정책을 사업화하여 실행에 옮기는 역할을 한다. NTO의 설립 목적은 당연히 관광산업 생태계를 활성화시키는 것이므로, 관광산업 생태계의 어느 영역에 관여할 것인가에 따라서 NTO의 역할이나 활동방향이 달라질 것이다. 따라서 NTO의 미션을 설정하기 위해서는 우선 관광산업 생태계를 활성화시킬 수 있는 사업영역을 찾아보고, 그 다음 단계로 사업영역 중에서 파급효과가 크고 중요한 부분을 찾아, NTO가 관여할 부분이 무엇인지 모색해야 한다. 이것은 NTO의 전략수립 프로세스의 첫 단계인 관광산업 분석에서 시작하는 방법으로, 산업분석에서 가장 중요한 것은 관광산업을 발전시키기 위한 NTO의 활동영역을 찾아내는 것이다. 관광산업 생태계를 활성화시키는 방법은 다양하게 있을 수 있는데, [그림 37]을 기준으로 살펴보자.

[그림 37]은 관광산업의 공급부문이 수요부문을 대상으로 공급하는 것이 무엇인지를 나타낸 것인데, 공급내용의 변화를 통해 관광산업 생태계를 활성화시킬 수 있는 활동들을 정리해 보면 다음과 같다.

- [그림 37]의 1번은 영역에서는 이미지 강화(브랜딩)를 통해 소비자의 수요를 자극할 수 있다. 특정 관광목적지에 대한 이미지가 긍정적으로 바뀌면 그 목적지에 대한 관광수요도 커지기 때문이다.

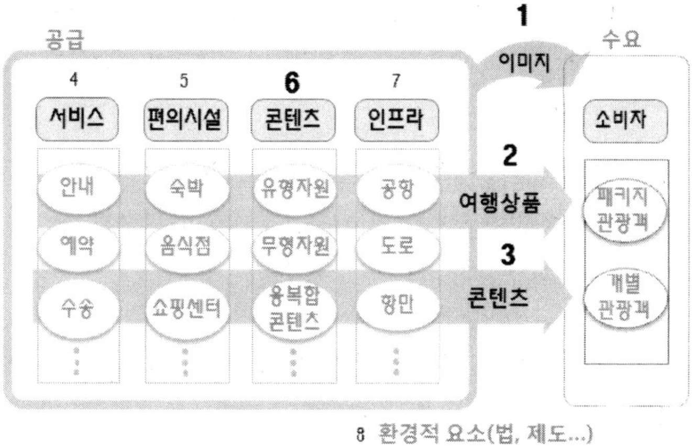

[그림 37] 관광산업 생태계 활성화 영역

- 2번과 3번 영역에서는 관광상품이나 관광콘텐츠의 세일즈 강화 노력이 가능하다. 세일즈 활동이 활발해지고 여행사나 콘텐츠 공급자의 매출이 늘어난다는 것 자체가 생태계 활성화를 의미한다.
- 4번 영역에서는 관광객 대상 서비스의 수준을 높이는 활동이 가능하다. 관광서비스 수준이 높아지면 관광객의 만족도가 높아지고 결국 관광객 증가로 연결된다.
- 5번 영역에서는 호텔, 레스토랑 등 편의시설의 개선활동이 가능하다. 편의시설도 관광객들의 만족도나 이미지 형성에 중요한 역할을 한다.
- 6번 영역에서는 새로운 관광콘텐츠 개발을 시도할 수 있다. 새로운 관광콘텐츠가 생성되면 새로운 수요가 형성되고 관광상품

이나 관광프로그램의 매출이 늘어난다는 것을 의미한다.

- 7번 영역은 도로나 항만, 공항과 같은 인프라의 개선을 추진할 수 있다. 사회적 인프라도 관광객의 유입에 큰 영향을 준다.
- 8번 영역에서는 관광관련 법률이나 제도와 같은 환경적 요소의 개선을 통해 관광수요의 변화나 공급부문의 변화를 유도할 수 있다.

이러한 내용을 정리하면, 관광산업의 육성을 위한 방향은 ① 이미지 강화를 통한 수요창출, ②③ 관광상품이나 콘텐츠의 발굴과 세일즈 강화, ④ 관광서비스 수준 향상, ⑤ 편의시설 개선, ⑥ 관광콘텐츠 개발, ⑦ 인프라 개선과 ⑧ 환경적 요소로서 법률이나 제도의 정비 등으로 나눠볼 수 있다. 정부의 관광진흥정책이나 NTO의 관광산업 육성사업들도 크게는 이 8가지 범주로 분류할 수 있다. 그런데 NTO가 보유한 자원은 유한하기 때문에 위 8개의 모든 영역에서 사업을 추진할 수는 없으며, 전략적 판단에 따른 우선순위를 두어야 할 것이다. NTO의 활동영역을 설정한다면, 당연히 관광산업 생태계 활성화에 중요한 영향을 미치는 것에서부터 우선수위를 두어야 한다. 그리고 민간부문이 감당하기 어려운 영역은 당연히 NTO가 담당해야 한다. 이러한 원칙이 있다면 NTO의 활동영역을 정하는 것은 어렵지 않을 것이다.

그러면 위 8가지 영역에서의 활동 중에서 관광산업 활성화에 가장 큰 영향을 미치는 것은 무엇일까? 당연히 관광수요의 대상인 관광콘텐츠이다. '관광콘텐츠 발굴 플랫폼'에서 언급하였다시피, 관광수요는 기본적으로 관광콘텐츠를 대상으로 발생하기 때문이다. 그 다음으로 관광목적지에 대한 소비자의 이미지가 관광객 증가에 커다란 영향을 미친다. 한국관광에 대한 이미지가 결국은 관광상품이나 관광콘텐츠의 세일즈(즉 한국방문)에 결정적인 영향을 주기 때문이다. 이와 같은 관점으로 관광산업 활성화 사업의 8가지 영역에서 이뤄지는 움직임을 정리하면 아래와 같다.

- 1번 영역의 이미지 강화(브랜딩) 노력은 리서치, 광고 등 민간부분이 참여하기에는 너무나 많은 비용이 소요되는 영역이므로 NTO가 담당해야 한다.
- 2번과 3번의 여행상품이나 관광콘텐츠의 세일즈 활동은 기본적으로 관광업계의 활동영역이다. NTO는 브랜딩을 통해 관광목적지에 대한 수요를 창출하는 방법으로 세일즈 활동을 지원하거나, 광고나 판촉 이벤트 등의 방법으로 콘텐츠의 세일즈 활동을 지원한다.
- 4번 영역의 관광객 대상 서비스 수준은 기본적으로 관광업계의 판단에 맡겨야 한다. 서비스 수준이 올라가면 매출증대에 도움이 되므로 관광업계는 이윤이 있는 방향으로 행동하기 때문이다.
- 5번 영역에서 호텔, 레스토랑 등 편의시설 개선은 지자체가 주로 담당하는데, 지자체는 각종 제도나 행정권한을 활용하여 해당지역의 편의시설 개선을 유도해야 한다. 전국의 모든 편의시설을 중앙정부나 NTO가 감당할 수는 없기 때문이다.
- 6번 영역에서 관광수요의 발생은 관광콘텐츠가 좌우한다. 관광

콘텐츠의 발굴에서는 초기단계의 비용과 노하우, 홍보 채널의 확보가 관건인데 그것은 NTO가 보유하고 있는 것들이다. 콘텐츠 공급자가 개별적으로 홍보를 하는 것에는 한계가 있다.

- 7번 영역의 도로나 항만, 공항과 같은 인프라는 국가에서 담당한다.
- 8번의 환경적 영역에 해당하는 법률이나 제도의 정비는 정부 정책에 의해 좌우된다.

위 8가지 영역에서 NTO의 가장 중요하고 고유한 역할은 관광수요 창출과 관광콘텐츠 개발이라고 할 수 있다. NTO가 관광수요와 콘텐츠에 주안점을 두어야 한다면, 다음과 같은 방식으로 NTO 활동의 전략적 방향성을 도출해 볼 수 있다.

- 관광산업 육성의 최종 목적은?
  '관광을 통한 일자리 및 소득 창출'이 관광산업 육성의 최종 목적이며, 이는 국민들이 행복을 영위할 수 있는 여건을 마련한다는 것을 의미한다.
- 관광산업 육성방법은?
  관광산업 육성은 '관광산업 생태계의 발전'을 통해 이뤄진다.
- 관광산업 생태계 발전의 관건은?
  관광산업 생태계의 발전은 '관광수요와 관광콘텐츠'에 달려 있다.

여기서 관광산업 육성의 최종 목적이 NTO의 존재이유, 즉 미션(Mission)에 해당된다. 위에서는 '관광을 통한 일자리 및 소득 창출에 기여하는 것'을 NTO미션이라고 정의하였지만, '관광을 통해 국가경제의 발전과 국민행복에 기여' 등 다른 다양한 형식으로 표현할 수 있다. 여기서 중요한 것은 NTO의 미션을 '어떻게 표현하느냐'보다는 NTO 내부 구성원들과 관광업계 등 이해관계자들이 그 '미션을 공유하고 이해하고 있느냐'라는 것이다. NTO의 미션과 비전은 전략설정의 출발점으로서, 미션 달성을 위해 전략과 사업의 내용들이 정해지기 때문에 미션/비전의 공유는 관광산업 육성방향에 대한 공감대를 형성하고 관광산업 이해관계자들의 역량을 집중시키는 계기가 된다. 따라서 NTO의 미션이 공유되지 않는다는 것은 NTO의 기능이나 역할에 대한 이해가 부족하고 관광산업 이해관계자의 역량이 분산되고 시너지가 창출되지 않음을 의미한다.

3. NTO의 비전과 전략

NTO는 설립목적을 달성하기 위해 관광산업 생태계의 다양한 영역에서 활동하게 된다. 그러나 NTO가 한정된 자원으로 광범위한 영역에 모두 관여할 수는 없으며, 행동방향에 대해 전략적인 선택을 해야만 할 것이다.

• NTO는 '관광수요 창출 기지'가 되어야 한다

'관광수요 창출과 관광콘텐츠 발굴'이 NTO의 핵심 역할이므로 수요창출과 콘텐츠 발굴이 NTO의 사업영역을 설정하는 기준이 된다. 관광수요 창출이란 관광객들의 관광목적지 선호도를 높이기 위한 브랜드 커뮤니케이션 활동과 이의 결과로 인한 방문 수요의 증가를 말한다. 관광목적지 브랜딩과 브랜드 커뮤니케이션을 통해 소비자의 선호도를 높이면 관광목적지에 대한 전반적인 수요가 올라가므로, 결국 관광상품이나 관광콘텐츠의 세일즈가 증가하게 된다. 앞부분의 외래관광객 유치 플랫폼에서도 언급했지만, 소비자인 관광객의 의사결정 단계와 그에 대응하는 NTO의 활동(관광수요 창출 기능)을 연결시키면 [그림 38]과 같다.

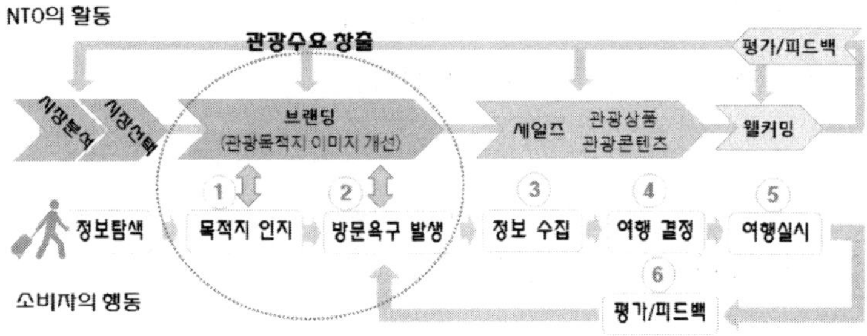

[그림 38] 소비자의 행동과 관광수요 창출 기능

[그림 38]을 기준으로 살펴보면, 소비자의 행동 1, 2단계에 대응하는 브랜딩(혹은 브랜드커뮤니케이션) 활동은 소비자들이 해당 관광목적지를 인지하도록 하는 것과 소비자들에게 그 관광목적지에 대한 여행욕구를 발생시키기 위함이다. NTO의 브랜딩 활동으로 여행욕구가 발생되면, 그 여행욕구 즉 관광수요는 관광상품 세일즈나 관광콘텐츠 세일즈를 유발시키게 되므로 NTO의 브랜딩 활동 그 자체가 관광업계의 세일즈를 지원하는 셈이다.

우리나라의 경우 여행사나 호텔과 같은 편의시설업체, 콘텐츠 공급자 등의 관광업계는 NTO의 수요창출 노력이 무엇인지 무관심한 경우가 많다. 관광선진국들은 관광업계가 NTO의 해외홍보비용을 분담하는 구조를 가지고 있는데, 그것은 NTO의 브랜딩 활동이 관광업계의 세일즈 증가로 연결되는 구조를 잘 이해하고 있기 때문일 것이다. 아무튼 NTO는 브랜드 커뮤니케이션을 통해 관광목적지의 이미지를 강화하여 기본적인 관광수요를 창출하여야 하며, 그런 점에서 NTO는 관광수요 창출 기지(Generator of Tourism Demand)가 되어야 한다.

• NTO는 '관광콘텐츠 발굴 기지'가 되어야 한다

새로운 관광콘텐츠의 보급은 관광수요의 증가에 가장 큰 영향을 미친다. NTO는 콘텐츠의 발굴을 위한 플랫폼을 형성하여, 잠재적인 콘텐츠를 찾아내고 콘텐츠를 인큐베이팅시켜 관광콘텐츠로 변모시키는 역할을 한다. 의료, 미용, 음식, 한옥, 템플스테이 등 모든 유형의 관광콘텐츠는 처음부터 관광콘텐츠의 영역에 포함된 것은 아니었다. 화장실·숙박시설·레스토랑 등의 편의시설을 갖추고, 관광객을 대상으로 영업할 수 있도록 법과 제도를 마련하고, 다양한 홍보활동을 통해 수요를 형성시켜 관광콘텐츠로 자리 잡게 된 것이다. NTO는 또한 새로이 발굴된 콘텐츠를 여행사를 통해 관광상품에 포함(패키지관광)시키거나, 소비자 대상의 광고, 인터넷 홍보, SNS 홍보, 홍보책자 제작 등을 통해 콘텐츠의 세일즈(개별관광)를 유도하기도 한다. 이렇게 보면 '관광콘텐츠 발굴'이란 콘텐츠 생산에서 그치지 않고, 세일즈를 통해 관광콘텐츠로 확실하게 자리 잡는 과정까지 포함하게 된다. 이와 같이 NTO는 관광콘텐츠를 키운다는 면에서 관광콘텐츠 발굴기지(Developer of New Tourism Contents)로서 콘텐츠 인큐베이팅 역할을 하는 것이다.

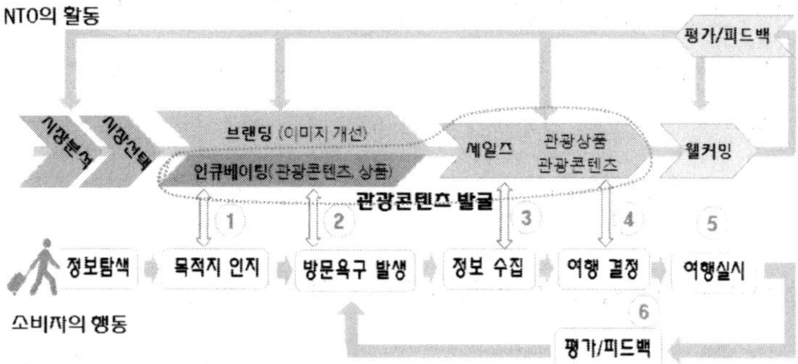

[그림 39] 소비자의 행동과 콘텐츠 발굴 기능

[그림 39]에서 보듯이 관광콘텐츠 발굴기지는 콘텐츠 발굴과 그 콘텐츠 또는 그것을 활용한 관광상품의 세일즈를 지원하는 기능을 의미한다. 관광객 유치활동이란 수요창출 기능을 통해 관광목적지에 대한 기본적인 수요가 형성되고, 콘텐츠나 콘텐츠를 활용한 상품을 세일즈하여 관광객이 만들어지며, 그 다음에는 웰커밍 과정에서 감동적인 추억을 제공해 줌으로써 수요가 유지되거나 또 다른 수요를 만드는 피드백 과정을 거치게 된다. 이와 같은 흐름은 1단계(수요창출), 2단계(세일즈), 3단계(웰커밍)의 각 단계가 원활하게 작동할 때, 최종적으로 관광객 유치가 활성화되는 원리이다. 따라서 관광산업 활성화는 수요창출(브랜딩)과 콘텐츠 발굴을 담당하는 NTO,

상품과 콘텐츠 세일즈를 담당하는 업계, 웰커밍을 담당하는 지자체의 공동 노력으로 가능해지는 것이며, 그 공동노력의 장이 앞의 제3장에서 설명한 외래관광객 유치 플랫폼인 것이다.

• NTO는 '정보생산 기지'가 되어야 한다

관광에서 정보라고 하면 소비자, 즉 관광객들이 필요로 하는 여행정보(Travel Information)를 연상하게 된다. NTO는 소비자인 관광객들이 필요로 하는 관광콘텐츠와 인프라, 편의시설 등 소위 공급부문에 대한 다양한 정보를 생산하고 있다. 그중에서는 직접적으로 관광수요를 유발시키는 관광콘텐츠에 대한 정보가 가장 중요하다고 할 수 있는데, NTO는 관광콘텐츠가 들어가 있는 관광상품이나 관광프로그램에 관한 정보를 소비자에게 전달하고 있다. 이러한 기능은 단순한 정보 제공이라기보다는 관광상품이나 콘텐츠에 대한 소비자의 수요를 높이려는 것이므로, 마케팅 활동의 일환으로 이뤄진다.

그런데 소비자인 관광객을 대상으로 제공하는 정보와는 달리, 여행사 · 호텔 · 콘텐츠 공급자 등 관광업계가 필요로 하는 것은 소비자, 즉 시장에 관한 정보(Travel & Tourism Market Information)이다. NTO는 많은 비용을 들여서 시장의 흐름을 파악하고 있는데, 관광업계에서 활용할 수 있도록 관광객들의 소비패턴이나 특성, 관광동향, 관광에 영향을 미치는 경제여건의 변화 등에 관한 정보를 생산하기 위함이다. NTO가 생산한 시장에 관한 정보는 관광업계의 세일즈 활동에 활용되는데, 예를 들면 중국인들이 선호하는 콘텐츠가 어떤 것인지를 조사하고, 그 결과 중국인들에게 호소력 있는 상품이나 여행

코스가 어떤 것인지가 도출되어, 관광업계에서 활용하게 된다. 이러한 정보들은 개별업체 차원에서 생산하기 어려운 것이므로 NTO가 담당하며, NTO가 정보를 생산·전파하는 활동은 관광업계의 세일즈에 필요한 정보를 제공하는 큐레이션 기능에 해당된다.

NTO들은 관광업계를 대상으로 주기적으로 시장설명회를 개최한다. 해외의 Tourism Directions Conference와 같은 연례적인 대규모 정책발표회도 있지만, 특정시장을 대상으로 한 설명회를 통해 보다 심층적인 정보를 제공하고 NTO와 관광업계가 활동방향을 공유하는 시간을 가진다. 일본시장 설명회는 일본 소비자들의 생활패턴이나 소비패턴의 변화, 관광동향 등을 분석하여 업계의 세일즈 활동에 필요한 정보를 제공하며, 이런 형태로 중국시장 설명회, 의료관광 설명회, MICE 설명회 등 다양한 이벤트를 개최하여 관광업계를 지원하게 된다. 물론 시장 설명회를 오프라인 이벤트로 개최하지 않고 온라인 정보형태로 제공하기도 한다. 영국관광공사의 경우 체계적인 시장분석자료를 업계에 제공하고 있는데, 영국관광공사 웹사이트(http://www.visitbritain.org)에 접속해서 'Insight & Statistics' 메뉴의 'Market Intelligence Report'에 들어가면, 시장별, 유형별로 정보검색이 가능하다. 'South Korea'에 관한 자료를 찾아보면, 한국 소비자의 특성, 기러기족, 나홀로족 등 우리 사회의 흐름이나 소비자 특성을 체계적으로 분석해 놓고 있다. 이와 같이 NTO는 많은 비용을 들여서 NTO 자체의 마케팅 활동이나 관광업계의 세일즈 활동에 필수적인 정보를 생산하고 있는데, 그런 의미에서 NTO는 정보생산 기지(Provider for Travel & Tourism Market Information)가 되는 것이다.

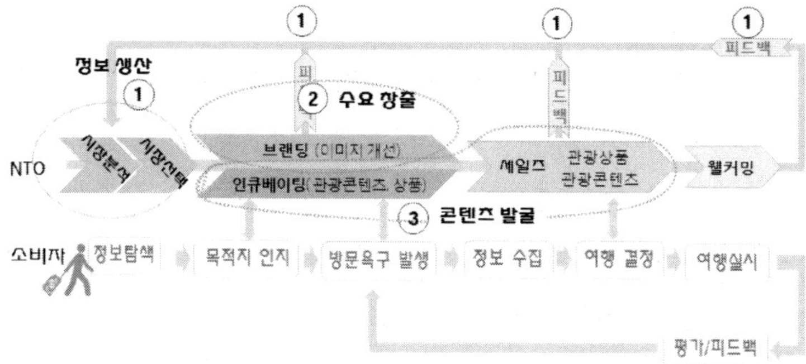

[그림 40] 소비자의 행동과 NTO의 기능

[그림 40]에서 1번으로 표시된 영역들은 모두 NTO의 정보생산 기능을 말하는데, 이와 같이 NTO의 정보생산은 마케팅 활동의 전 과정에서 일어나게 된다.

지금까지 NTO의 핵심 기능을 관광수요 창출, 관광콘텐츠 발굴, 정보생산 등 세 가지로 나눠보았다. 각 기능의 성격을 구분한다면 관광수요 창출은 관광목적지에 대한 기본적 수요를 높이는 브랜딩 역할을 의미하며, 콘텐츠 발굴은 관광콘텐츠로서의 인지도가 낮은 콘텐츠를 관광콘텐츠로 키워서 세일즈 활동과 연결시키는 인큐베이팅 기능을 의미하고, 정보생산은 시장정보를 생산하여 활용하고 전파하는 큐레이션 기능을 의미한다. 이러한 기능을 바탕으로 하여 NTO의 정체성을 표현하면 NTO는 관광수요 창출 기지(Generator of Tourism Demand), 콘텐츠 발굴 기지(Developer of New Tourism Contents), 정보생산 기지(Provider for Tourism Market Information)가 될 것이며, 관광수요 창출, 관광콘텐츠 발굴, 관광정보 생산이 NTO의 기본적인 전략방향이 된다.

그런데 NTO의 세 가지 기능이나 전략은 결국 관광객을 창조하기 위한 것이다. 따라서 NTO를 관광객 창조자 또는 관광 창조자라고 할 수 있는데, 이 '관광객 창조자'라는 것에 NTO가 추구하는 위상을 가미하면 NTO의 비전이 도출될 수 있다. 위상을 고려한 NTO의 비전은 다양하게 표현될 수 있겠지만, 그 의미는 '경쟁력 있는 (한국) 관광객 창조자' 혹은 보다 거창하게 '세계 최고의 (한국) 관광객 창조자'라는 의미의 표현이 될 것이다. 이것을 슬로건 형태로 표현하면 "우리는 세계인을 한국 관광객으로 재창조한다'라는 정도로 나타

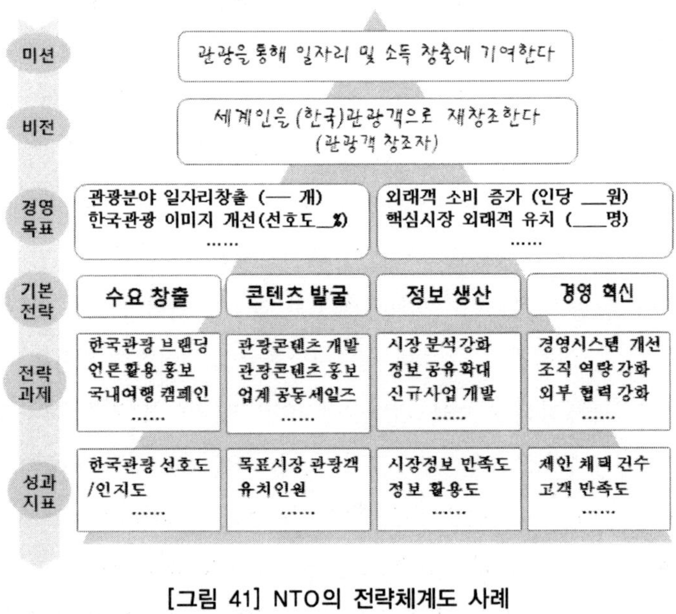

[그림 41] NTO의 전략체계도 사례

낼 수도 있다. 참고로 (한국) 관광객이란 한국을 여행하는 관광객을 말하며, 외국인 관광객과 내국인 관광객을 모두 포함하는 의미이다. 위와 같은 방식으로 도출하여 본 NTO의 미션과 비전, 전략을 체계도 형태로 나타내면 [그림 41]과 같다. 참고로 NTO의 미션과 비전, 전략은 관광정책, NTO에 주어진 역할이나 위상 등에 따라 달라지며, 그 표현도 다양할 수 있으므로 본 책을 통해 제시된 것은 하나의 사례에 지나지 않는다는 점을 밝혀둔다.

4. 해외 NTO의 미션과 비전 설정 사례

각국 NTO의 비전이나 설립목적을 살펴보면 해당국가 NTO의 정체성이나 활동방향을 가늠해 볼 수 있다. NTO미션이나 비전, 전략은 국가마다 관광산업이 차지하는 위치나 육성방향 등이 다르므로 상이할 수밖에 없어, 관광산업이 핵심산업으로 인정받고 있는 5개 국가의 경우를 살펴보고자 한다. 일단 우리나라와 경쟁구도에 있는 싱가포르의 경우를 보면 싱가포르의 NTO인 STB(Singapore Tourism Board)는 비전과 미션을 구분하여 설정하고 있다.

[그림 42]의 싱가포르 STB의 비전체계를 보면 싱가포르는 관광을 철저하게 경제적 관점에서 접근하고 있음을 알 수 있다. 관광산업이 경제발전의 견인차 역할을 하도록 발전시킨다는 것이며, NTO인 STB가 파트너십, 혁신성, 우수성을 바탕으로 관광분야의 대표기관이 된다는 내용이다. 우리나라의 NTO인 한국관광공사가 문화체육관광부

산하에 있는 반면, 싱가포르의 경우는 통상산업부(Ministry of Trade & Industry) 소속이다 보니, 관광을 철저하게 산업의 관점에서 접근하고 있는 것으로 보인다.

VISION
To be a leading economic development agency in tourism, known for partnership, innovation and excellence

MISSION
We champion tourism and build it into a key economic driver for Singapore

VALUES

Integrity Do the Right Thing!	Team Succeed Together
Courage 3D – Dare, Dream, Do!	Care Appreciate One Another
Passion Love it!	Fun It's Our Attitude

* 출처 : STB Annual Report 2012/2013

[그림 42] 싱가포르 STB의 비전체계

홍콩의 NTO인 HKTB(Hong Kong Tourism Board)의 경우 설립목적 6개를 설정하여 정체성을 표현하고 있다. (2001년 4월 1일자 HKTB 설립법 참조) 관광산업의 기여도를 높이며, 홍콩을 국제적인 도시 내지 세계적 관광목적지로 홍보하고, 방문자들을 위한 편의시설 개선을 촉진하고, 관광의 중요성 홍보를 지원하며, 방문자 대상의 서비스 활동을 지원하고, 홍콩정부에 대한 자문/지원 활동을 한다는 내용이다.

The six objectives of the HKTB, as defined under the HKTB Ordinance 2001, are to:

- Endeavour to Increase the contribution of tourism to Hong Kong;
- Promote Hong Kong globally as a leading international city in Asia and a world-class tourist destination;
- Promote the improvement of facilities for visitors;
- Support the Government in promoting to the community the importance of tourism;
- Support, as appropriate, the activities of persons providing services for visitors to Hong Kong; and
- Make recommendations to and advise the Chief Executive(of the Hong Kong Special Administrative Region) in relation to any measures which may be taken to further any of the foregoing matters.

* 출처 http://www.discoverhongkong.com

[그림 43] 홍콩 HKTB의 설립 목적

호주의 NTO인 TA(Tourism Australia)도 [그림 44]와 같이 존재이유를 아주 구체적으로 서술하고 있다. 해외관광객 유치와 내국인의 국내여행 활성화를 위해 노력하며, 궁극적으로는 관광을 통해 호주 경제에 기여한다는 것으로, 싱가포르와 마찬가지로 관광에 대해 철저하게 경제적 관점으로 접근하고 있다.

캐나다의 NTO인 CTC(Canadian Tourism Commission)는 설립법(Canadian Tourism Commission Act) 제5조에서 설립목적을 [그림 45]와 같이 밝히고 있다. 캐나다 관광산업의 활력을 유지하고, 캐나다를 관광목적지로 홍보하며, 정부, 민간, 지자들과의 협력관계를 지원하며, 정부와 민간부문에 관광정보를 제공한다는 내용이다.

Why Tourism Australia Exists

Tourism Australia is the Australian Government agency responsible for attracting international visitors to Australia and encouraging Australians to travel domestically, both for leisure and business events. Its purpose is to increase the economic benefits to Australia of tourism.

Our Purpose

Under the Tourism Australia Act (2004) our objectives are:

To influence people travelling to Australia to also travel throughout Australia;
To influence Australians to travel throughout Australia, including for events;
To help foster a sustainable tourism industry in Australia; and
To help increase the economic benefits to Australia from tourism.

[그림 44] 호주 TA의 존재이유

The objects of Commission are to

(a) sustain a vibrant and profitable Canadian tourism industry

(b) market Canada as a desirable tourist destination

(c) support a cooperative relationship between the private sector and the governments of Canada, the province and the territories with respect to Canadian tourism

(d) provide information about Canadian tourism to the private sector and to the governments of Canada, the provinces and territories.

* 출처 : Canadian Tourism Commission Act(March 20, 2012)

[그림 45] 캐나다 CTC의 설립목적

미국의 경우 2011년도부터 활동을 시작한 Brand USA의 미션은 일자리 창출에 초점이 맞춰져 있다. 외래관광객의 미국 방문을 촉진하고 여행시장에서 점유율을 높임으로써 관광객들의 소비지출을 확대하고 일자리 창출을 유도한다는 미션을 설정하였다. 미국은 2008년 전후의 경제위기를 겪으면서 관광산업 육성의 필요성을 느껴 2010년도에 NTO인 Brand USA를 설립하여, 2011년도부터 활동에 들어갔다. 이러한 배경이다 보니 Brand USA는 철저하게 경제적 관점에 포인트가 맞춰져 있다. 미국 국민의 여행향유나 여행을 통한 삶의 질 향상 등과는 완전히 다른 관점이다. 오로지 관광산업의 경제적 효과를 통한 일자리 창출과 수입 확대가 핵심이다. Brand USA의 비전은 미국을 강력한 여행목적지로 부각시킨다는 것과 Brand USA 자체를

Mission

The mission of Brand USA is to encourage increased international visitation to the United States and to grow America's share of the global travel market. In doing so, we aim to bring millions of new international visitors who spend billions of dollars to the United States, creating tens of thousands of new American jobs.

Vision

Brand USA will be responsible for positioning and promoting the United States as a compelling destination for international travelers, inspiring visitors with a refreshed understanding that there is no place in the world like the United States of America with its limitless destinations and attractions. We will build a world-class team and organization that will execute an integrated marketing and communications strategy designed to deliver the highest possible return for the United States—in the form of job creation, GDP and export growth, and increased federal tax revenues.

Values

Performance Excellence :
A corporate culture of visionary and performance-driven leadership, strategic planning and a management that deploys resources to their highest and most productive uses

Integrity :
A corporate culture with assured reliance on ability, actions, character, diversity, honesty, respect, transparency, and trust

Fun :
A corporate culture with a memorable and unique personality that fosters creativity, innovation, and high achievement for itself and its partner organizations

* 출처 : FY14 Business Plan(Brand USA)

[그림 46] 미국 Brand USA의 비전체계

최고의 팀으로 만들어 통합적인 마케팅활동을 전개하여 궁극적으로 일자리 창출과 관광외화수입 증대, 연방정부 세수 증대를 추구한다는 것이다.

한편 우리나라의 NTO인 한국관광공사의 경우, 「한국관광공사법」 제1조에 "한국관광공사를 설립하여 관광진흥, 관광자원 개발, 관광산업의 연구·개발 및 관광 관련 전문인력의 양성·훈련에 관한 사업을 수행하게 함으로써 국가경제 발전과 국민복지 증진에 이바지함을 목적으로 한다."라고 NTO 설립목적이 명시되어 있다. 또한 한국관광공사 자체적으로도 '관광을 성장동력으로 이끌고 국가경제발전과 국민의 삶의 질 향상에 기여한다'는 미션과, '모두가 행복한 관광을 만들어 나가는 국민기업'이라는 비전을 설정하고 있다. 이 내용을 보면 한국관광공사는 관광산업 생태계의 모든 영역에 관여하여 관광진흥사업을 펼친다는 내용으로 설립목적이 설정되어 있다. 물론 NTO의 위상이나 미션은 국가마다 상이할 수밖에 없기 때문에 여기서 한국관광공사에 주어진 미션과 타국 NTO의 미션을 비교해서 장단점을 찾는 것은 의미가 없을 것이다.

어느 나라든 NTO는 관광산업 진흥이라는 포괄적인 내용 혹은, 보다 구체적으로 관광목적지 마케팅, 브랜드 이미지 확산, 세일즈, 관광정보 제공… 등 구체적인 범위에서 설립목적을 나열하고 있다. 중요한 것은 그 내용이나 형식이 아니라, 그것을 통해 NTO의 정체성이 뚜렷하게 나타나야 한다는 것이다. NTO의 정체성이 뚜렷하지 않으면, NTO와 협력해야 할 이해관계자 특히, 관광업계가 NTO에 기대하는 것과 NTO가 관광업계에 기여하고자 하는 바가 일치하지 않을 수 있다. 이럴 경우 에너지가 분산되고 NTO의 사업들도 전략적 방향성이 흔들려 결과적으로는 관광산업 활성화 노력이 방향을 상실할 수 있기 때문이다. 재차 강조하자면, NTO의 관광진흥사업은 NTO 스스로의 정체성을 분명히 설정하고, 이해관계자들과 정체성을 공유하는 데서 출발해야 한다.

제8장

플랫포머의 조직 설계

1. NTO조직의 설계 관점
2. 조직 설계 관점들의 결합
3. NTO의 지방조직과 해외조직
4. 외국 NTO의 조직 설계사례

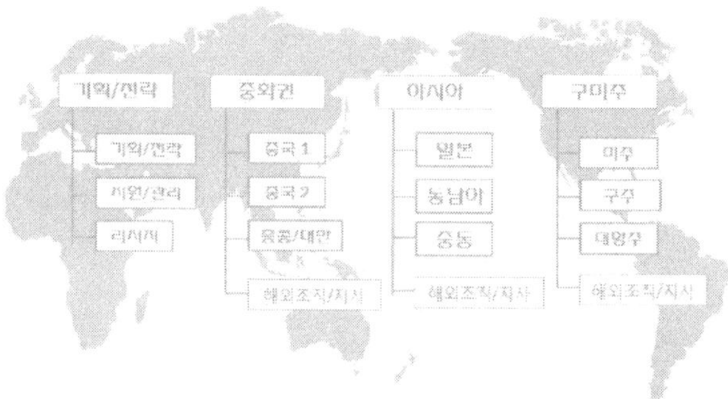

제8장
플랫포머의 조직 설계

지금까지 관광산업 생태계의 구조와 관광산업 활성화 방향, 그리고 플랫폼을 형성하여 관광산업 활성화를 도모하는 관광산업의 플랫포머인 NTO의 미션과 비전 및 전략에 대해 살펴보았다. 그런데 NTO에 주어진 미션이나 NTO가 설정한 비전의 달성과 NTO 사업전략의 이행은 NTO의 조직과 경영시스템에 크게 영향을 받게 된다. 따라서 관광산업의 육성방안과 NTO의 미션이나 비전, 사업전략, 조직구조 등은 그 방향을 같이하고 있어야 하며, NTO조직의 설계 자체도 전략의 일부가 되어야 한다. 아무리 훌륭한 미션과 비전을 설정하고 전략을 세웠다고 하더라도 그것이 조직을 통해 현실로 구현되지 못하면 무슨 의미가 있겠는가? 따라서 NTO의 설립목적 달성을 위해 효과적 · 효율적으로 사업을 전개할 수 있는 조직구조를 살펴보는 것도 중요한 의미가 있는 것이다. 앞부분에서 관광산업 생태계와 생태계의 활성화를 위한 플랫폼들을 살펴본 것은 다양한 플랫폼들의 플랫포머가 되어야 하는 NTO가 관광산업의 어떤 영역에 어떠한 방식으로 관여할 것인가를 판단하는 기준들을 제공해 줄 것이다.

1. NTO조직의 설계 관점

NTO의 가장 중요한 미션 두 가지는 관광수요창출과 관광콘텐츠 발굴이며, 위의 핵심기능을 지원하는 정보생산 기능이 있음을 살펴보았다. 수요창출과 콘텐츠 발굴은 관광산업 생태계에서 관여할 영역을 설정하는 기준이 되며, 플랫폼 전략은 NTO에 미션을 달성하기 위한 사업추진 방식으로 제시된 것이다. 따라서 NTO의 조직은 미션의 달성을 위한 기능을 반영하고 플랫폼 전략의 구사에 적합한 조직으로 설계되어야 할 것이다. 일단, NTO의 가장 중요한 기능 두 가지를 기준으로 조직의 설계방향을 잡아보고자 한다. '관광수요 창출'은 관광목적지에 대한 이미지 개선을 통해 포괄적인 수요(선호도)를 창출하는 것이 핵심이므로, '누구를 대상으로, 어떤 방법으로'라는 관점에서 시장중심 또는 홍보방법 중심으로 조직을 설계할 수 있다. '콘텐츠 발굴' 기능은 콘텐츠를 발굴하고 전파하여 구체적인 방문수요를 창출(세일즈 활동)하는 것이므로, '무엇을 가지고, 누구를 대상으로, 어떤 방법으로'라는 관점에서 콘텐츠, 시장, 홍보방법을 중심으로 조직을 설계할 수 있을 것이다.

• 시장중심의 조직

과거 NTO들의 마케팅 조직은 대부분 목표시장을 기준으로 설계되었다. 외국인 관광객 유치가 설립목적이었으므로, 해외시장을 지역 또는 국가단위의 목표시장으로 설정하고 거기에 맞춰 마케팅 조직을 구성하였던 것이다. 항공사와 유사하게 미주본부, 구주본부 등

대륙을 기준으로 구분할 수도 있겠지만, 전 세계를 대상으로 사업을 할 수 없기 때문에 주요한 시장을 중심으로 조직을 설계하였다. 일본부, 중국부 등 주요 국가별 구분을 병행하거나, 국가단위 또는 특정 국가 내에 존재하는 세부시장에 따라 하부조직을 설계하였다. 참고로 우리나라의 NTO인 한국관광공사의 경우에는 마케팅본부에 일본팀, 중국팀, 아시아중동팀, 구미팀 등 4개의 팀이 시장중심의 조직으로 운영되고 있다.

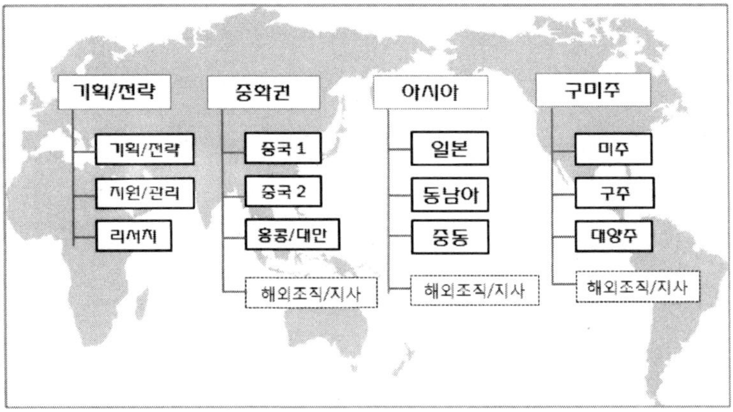

[그림 47] 시장중심의 마케팅 조직

이 시장중심의 조직에서는 각 조직단위 내에서 담당 시장에 대한 사업내용이나 방법을 주로 결정하기 때문에 의사결정도 빠르고 민첩하게 움직일 수 있다. 대부분의 경우 시장중심 조직의 활동목표는 관광상품 세일즈나 관광콘텐츠의 상품화 활동에 초점이 맞춰져 있다. 시장중심의 조직은 이미지 개선이 아닌 세일즈가 활동중심이다 보니 현장에서의 파트너들은 주로 여행사가 되며, 패키지 상품의 기획이나 판매 지원이 주 업무가 된다. 현지 사정에 밝거나 해외 여행사나 항공사 등과의 네트워크 형성에도 유리하며 지역전문가가 양성될 수 있는 조직구조이다. 이러한 시장중심의 조직들은 하부의 해외조직망을 운영하고 있으며, 이 해외조직들과 여행업계와의 네트워크 형성이 사업수행에 중요한 역할을 하게 되었다. 이 시장중심의 조직은 관광목적지로서의 인지도가 높아, 브랜딩 작업보다는 세일즈에 주안점을 두는 경우에 적합한 조직이다. 예를 들면 우리나라의 경우 일본이나 중국에서 우리나라에 대한 긍정적 이미지가 충분히 형성되어 있다고 볼 경우에는 시장중심의 조직을 구성하여 세일즈 활동에 주력하는 것이 적합한 방법이 되는 것이다.

이 시장중심의 조직은 조직들 간의 활동대상이 분명하게 구분되어 있어 외견상으로는 일사분란하고 체계적으로 움직이는 것으로 보인다. 그러나 상이한 시장을 담당하는 각 조직들은 각자의 논리를 기준으로 사업을 추진하기 때문에, 포괄적인 관점에서 시장 간의 자원(인력, 예산 등) 배분을 조정하거나 전략을 수정하는 등의 기능은 취약할 수밖에 없다. 즉 전체적인 전략적 관점에서의 사업보다는 작은 단위의 조직관점 또는 특정 시장 관점에서만 사업을 추진할 가능성이 높다는 것이다. 따라서 시장중심의 조직으로 마케팅 활동을 펼친다면 보다 높은 차원에서의 전략을 설정하고 각 단위조직이 전략을 이행하는지를 철저하게 체크하고 전략의 이행을 강제하는 역할이 중요하게 된다. 전략의 수립을 담당하는 조직과 해외시장에서의 세일즈를 담당하는 현장조직을 통제/관리하는 역할이 그만큼 중요하게 되는 것이다. 이 시장중심의 조직은 또한 각 시장 담당 조직에 대한 견제나 의견제시 기능이 약할 경우에 각 시장별 논리에 집착하기 쉬워, 새로운 기법의 사업들이 개발될 여지가 적어지고 결과적으로 시장의 변화에 대처하는 능력이 떨어질 수 있다. 더불어 현지에서 주 파트너가 여행사일 가능성이 높으므로 개별여행(FIT)시장에 소홀하기 쉽게 된다. 따라서 브랜딩 관점에서 새로운 시장을 개척하거나 광범위한 지역을 대상으로 FIT를 공략하려 하는 경우 이 시장중심의 조직은 적합하지 않을 수 있다.

• **마케팅 방법 중심의 조직**

관광객 유치를 위한 국가 간의 경쟁이 치열하지 않았던 시절에는 시장중심의 조직에도 별 문제가 없었다. 패키지 상품의 개발과 세일즈가 주 활동이었으므로, 여행사들과의 협조관계만 유지되면 기본은 할 수 있었다. 그러나 관광시장에서의 경쟁이 치열해지고 관광패턴도 달라지면서 NTO의 마케팅 활동에도 변화가 필요하게 되었다. 국가 간의 경쟁이 치열해지다 보니 새로운 마케팅 방법을 필요로 하게 되었고, 이런 필요성이 기술의 발달과 접목되면서 관광마케팅에도 변화가 일어나게 되었다. 인터넷의 사용이 일반화되면서 관광마케팅도 온라인 세상으로 확장되었고, 최근에는 모바일 또는 SNS를 활용한 마케팅 활동이 일반화되고 있다.

한편 관광소비에서도 감성적인 가치를 중요시하다 보니, 여행사에 의존하는 관광상품의 세일즈 활동만으로는 한계가 있게 되었다.

상품 세일즈에 앞서 시장에서 관광목적지 브랜드에 대한 선호도를 높여주어야만 세일즈 활동의 효과가 커진다는 것을 깨닫게 된 것이다. 관광목적지에 대한 선호도를 높여 수요를 확대하려는 브랜딩 활동은 시장에서의 인식변화를 유도해야 하므로 많은 비용과 시간을 필요로 하게 된다. 따라서 비용 측면에서 작은 규모의 시장에 브랜딩 활동을 집중할 수 없으며, 큰 비용을 들여 보다 넓은 시장을 대상으로 브랜딩을 실시하게 되므로 시장중심의 조직으로는 한계가 있을 수밖에 없게 되었다. 또한 관광패턴의 변화로 FIT의 중요성이 높아지게 되었는데, 범위 설정이 어려운 FIT 시장을 공략하기 위해 브랜딩, 인터넷 마케팅, SNS 활용 마케팅 등의 다양한 방법으로 접근할 수밖에 없었고, 이러한 필요성이 브랜딩을 전담하는 조직과 인터넷 마케팅을 전담하는 조직 등 홍보방법을 기준으로 한 조직구조를 만들어낸 것이다.

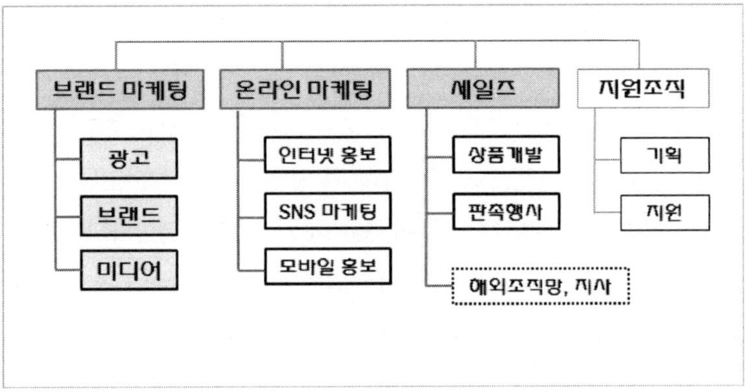

[그림 48] 마케팅 방법 중심의 조직

마케팅 방법을 기준으로 한다면 NTO조직의 대표적인 것이 브랜딩을 전담하는 조직과 온라인 마케팅을 전담하는 조직들이다. 브랜드 커뮤니케이션은 NTO의 가장 중요한 기능이다 보니, 현재는 거의 모든 국가의 NTO가 브랜딩 전담조직을 운영하고 있다. 현재 싱가포르의 NTO인 STB의 경우에는 'Brand Development' 부서와 'Communications' 부서가 있으며, 캐나다 CTC의 경우에는 Marketing Strategy and Communications 부서가 브랜딩 업무를 담당하고 있다. 우리나라 한국관광공사의 경우에는 브랜딩 조직으로 브랜드마케팅팀을 운영하고 있다. 그리고 인터넷 마케팅을 전담하는 부서로는 호주의 Tourism Australia와 미국의 Brand USA에 있는 'Digital Marketing' 부서나 한국관광공사에 있었던 '해외온라인마케팅팀' 등이 있다.

마케팅 기법 중심의 조직이 늘어남으로써 외형적으로는 NTO가 시대적 변화에 잘 대처하고 체계적으로 활동하는 것으로 비치게 되었다. 그러나 여기에서도 몇 가지 부족한 면이 부각되었는데, 마케팅 기법 중심의 조직에서는 전통적인 세일즈를 담당하는 조직과 인터넷 마케팅 조직, 브랜딩 조직 등 각 조직들이 각자의 논리에 따라 독립적으로 활동하기 시작하였다. 각 조직들의 목표시장도 다르고, 주력하는 콘텐츠도 달라 그야말로 따로 놀 가능성이 높아졌고, 온라인 분야의 홍보활동과 오프라인 홍보활동이 시너지를 내지 못하면서 시장의 선택과 자원의 집중이라는 홍보원칙이 흐지부지되는 경우가 생겨났다. 통합마케팅(IMC) 관점의 전략이 없는 상태라면 이런 현상이 더욱 강해져서 각 단위조직들이 별도의 원칙을 가지고 산발적으로 움직이는 결과가 생겨나게 된 것이다. 이러한 문제점과 더불어 인터넷이나 SNS를 통한 마케팅이 너무나도 일반적인 홍보방법으로 발전하여 굳이 별도의 큰 조직을 설치할 필요성이 없어지게 되어 NTO 조직에도 변화가 일어나기 시작했다. 실제로 호주나 미국의 경우에 NTO의 Digital Marketing 부서는 규모도 작고 마케팅 활동의 주도권은 브랜딩 관련 부서가 가지고 있다. 이러한 변화의 결과로 강조되는 조직이 콘텐츠 중심의 조직이다.

• 관광콘텐츠 중심의 조직

현재까지 대부분의 NTO들은 시장중심의 조직과 마케팅 기법 중심의 조직을 적당히 혼합하여 운영하여 왔다. 시장과 시장공략 방법을 고려한 이상적인 조직을 갖추었다고 주장할 수 있는 것이다. 그런데 소비자들의 관광욕구는 기본적으로 관광콘텐츠를 대상으로 발생하는 것이다. 달리 말하자면 소비자들의 최대 관심사는 관광콘텐츠인데, 시장중심의 조직과 마케팅 방법 중심의 조직들은 그 출발점이 관광콘텐츠가 아닌 것이다. '무엇(콘텐츠)을' 가지고 '어떤 방법(마케팅 기법)'으로 '누구(시장)를' 겨냥하여 공략할 것인가라는 물음에서, '무엇을'이 아닌 마케팅 방법과 목표물에 집중하고 있었던 것이다. 그렇다면 관광욕구의 대상인 관광콘텐츠에 주안점을 두고 NTO조직을 설계하는 것은 어떨까?

앞서 마케팅 프로세스나 NTO의 전략부분에서 설명하였듯이, NTO의 관광콘텐츠 발굴은 인큐베이팅 방식이다. 즉 잠재 콘텐츠를 찾아내어 관광콘텐츠화될 수 있도록 가다듬고 시장에서의 홍보를 통해 수요를 창출함으로써 관광콘텐츠로 자리 잡도록 하는 것이다. 이러한 과정에서 NTO는 잠재 콘텐츠를 찾아 관광콘텐츠로서의 가능성을 확인하고, 언론 홍보나 인터넷 광고 등의 방법으로 콘텐츠에 대한 홍보활동을 전개한다. 그런데 관광콘텐츠 발굴의 다음 프로세스는 소비자를 대상으로 한 콘텐츠 세일즈 활동이므로 마케팅 프로세스상의 세일즈 활동과 콘텐츠 발굴 활동은 연속적인 활동이며, 동일한 조직이 발굴과 동시에 세일즈나 홍보를 담당하는 것이 효율적이다. 따라서 NTO조직을 설계할 경우 콘텐츠 발굴조직은 곧 세일즈 담당 조직이 되어야 하는데, [그림 49]에서 보는 바와 같이 NTO조직에서 '콘텐츠 1', '콘텐츠 2' 조직들이 실제로는 콘텐츠 발굴과 세일즈를 모두 담당하는 방식이다.

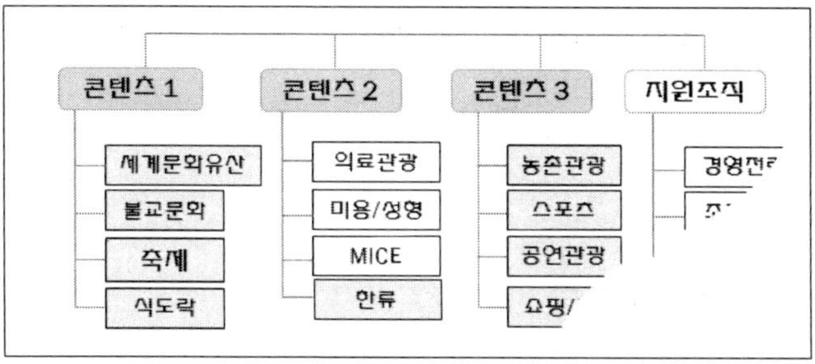

[그림 49] 관광콘텐츠 중심의 조직

[그림 49]에서 세계문화유산의 경우를 예로 들어보자. NTO의 세계문화유산을 담당하는 조직은 해외에서도 세계문화유산을 홍보하고 업계의 세계문화유산 상품 세일즈를 지원하며, 국내에서도 학생층이나 세계유산 관심계층을 타깃으로 설정하여 홍보를 진행한다. 특

정 시장에 유효한 마케팅 노하우를 습득하게 되면 다른 시장에도 적용할 수 있다. 굳이 국내외 시장을 구분할 필요도 없다. 언제, 어디서나, 누구를 대상으로, 어떠한 방법을 통해서건 '세계문화유산'을 홍보하게 된다.

NTO의 조직이 콘텐츠를 중심으로 설계된다면, 특정 콘텐츠를 담당하는 부서나 조직은 그 콘텐츠에 관해 정통하게 되므로 콘텐츠에 대한 전문지식은 물론 해당 콘텐츠의 홍보방법에 대해서도 전문성을 가지게 된다. 콘텐츠 발굴에서 머물지 않고, 콘텐츠에 대한 홍보, 즉 세일즈 활동을 통해 직접적인 판매활동을 전개하게 된다. 또한 세계문화유산의 콘텐츠화를 원하는 지자체나, 문화재 관리주체 등과 공통의 현안을 가지게 되므로 플랫폼 구성이 쉬워질 것이며, 협업이 용이한 구조가 형성될 것이다. 따라서 NTO는 고객의 논리, 관광업계(콘텐츠 공급자)의 논리에 따라 사업을 전개하게 될 것이다.

2. 조직 설계 관점들의 결합

위에서 시장중심의 조직, 마케팅 방법 중심의 조직, 콘텐츠 중심의 조직을 생각해 보았는데, NTO의 조직 설계는 NTO의 미션을 달성하는 데 가장 적합한 구조를 찾는 것에서 출발한다. NTO는 관광수요 창출 기지, 관광콘텐츠 생산 기지, 관광정보 생산 기지라고 하였다. 물론 이 세 가지 기능 중 핵심은 콘텐츠 생산과 수요 창출이므로 NTO기능의 핵심은 이 두 가지에 모아져야 한다. 이러한 관점에서 NTO 조직구성의 방향을 정리해 보면 다음과 같다.

- NTO의 기능은 ① 관광콘텐츠를 발굴/생산하고, 시장에서 ② 관광매력을 홍보하여 수요를 창출하며, ③ 관광정보를 생산하는 것이다.
- 콘텐츠 중심의 조직은 ① 콘텐츠 생산에 강점이 있으며, 업계와의 협업구조를 통해 ③ 세일즈 활동에 강점을 보인다.
- 마케팅 방법 중심의 조직은 ② 관광매력 홍보에 강점이 있는데, 브랜드커뮤니케이션 활동은 관광콘셉트를 전달하는 차원에서 모든 홍보활동의 출발점이 된다.
- 시장중심의 조직은 사업추진이 효율적이라는 강점이 있으나, 콘텐츠 생산과 관광매력 홍보에는 약하다.

NTO가 인큐베이터 역할을 해야 할지, 마케터 역할에 집중해야 할지, 큐레이팅에 집중해야 할지는 여건에 따라 선택할 문제이지만, 일단은 마케팅 기법 중심의 조직과 콘텐츠 중심의 조직을 혼합하는 것이 필요할 것으로 보인다. 마케팅 방법 중심의 조직은 브랜딩 활동에 집중하여 한국에 대한 선호도를 높여 전반적인 관점의 수요를 창출하고, 콘텐츠 중심의 조직은 콘텐츠 개발-홍보에 집중하여 개별 콘텐츠나 상품의 세일즈에 집중하는 방식이다. 이런 식의 조직구조로 가야만, NTO가 브랜드마케팅 관점에서 한국관광의 콘셉트를 전파하여 수요를 자극하면, 여행사나 콘텐츠 공급업자의 세일즈 활동에 대한 수요가 늘어나게 되는 것이다. 이것을 조직 설계에 반영한다면 [그림 50]과 같이 될 것이다.

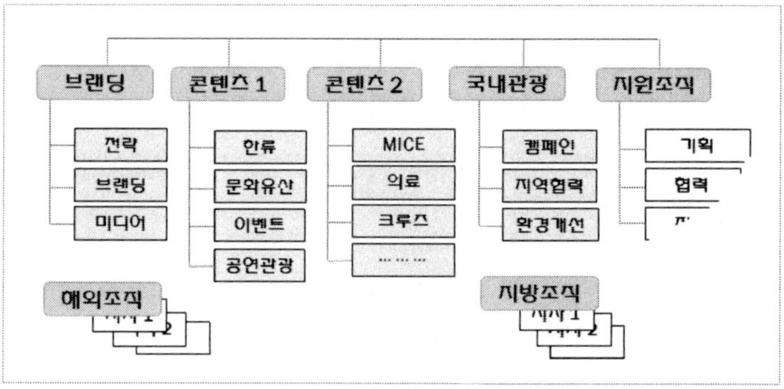

[그림 50] 관점의 결합에 의한 NTO조직의 설계

[그림 50]에서 브랜딩 관련 조직은 마케팅 방법을 중심으로 한 조직이다. 시장에서 관광목적지(한국)에 대한 이미지를 형성하고 강화시켜, 한국 선호도를 높이고 한국관광에 대한 기본적인 수요를 발생시키는 역할을 한다. 이러한 역할은 많은 비용이 소요되므로 민간부문이 할 수 없는 영역이다. [그림 50]에 나타난 브랜딩 조직에서 하위조직들의 역할을 살펴보면 [그림 51]과 같다.

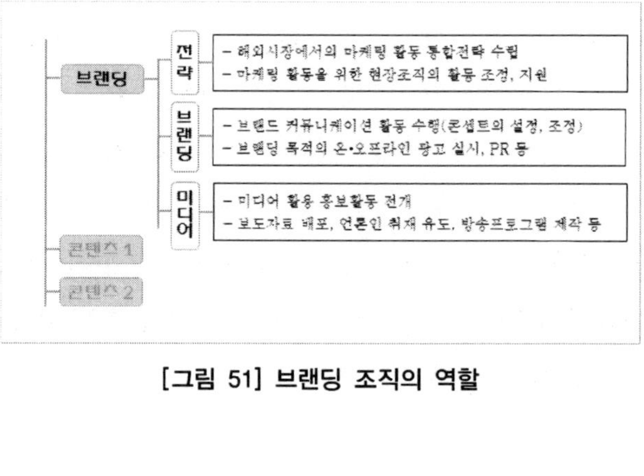

[그림 51] 브랜딩 조직의 역할

- 전략 담당 조직은 마케팅 활동의 기본 전략을 수립하고 해외조직망 등 현장조직의 활동을 조정하고 지원한다. NTO 마케팅 활동의 기본방향을 설정하는 역할을 말하며, IMC 전략을 총괄하는 조직이다.
- 브랜딩 조직은 브랜드 콘셉트를 설정하고 온·오프라인 광고, 이벤트 등을 통해 브랜드 커뮤니케이션 활동을 전개한다.
- 미디어 담당 조직은 언론매체를 활용하여 보다 광범위하게 브랜딩 활동을 전개한다. 언론인 초청, 한국 관련 기사 게재 등이 주 역할이며 미디어센터라고 보면 된다.

콘텐츠 관련 조직은 특정한 관광콘텐츠의 생산에서부터 그 콘텐츠를 상품화시키거나 시장에 올려 직접적인 세일즈가 이뤄지는 과정의 사업을 하는 곳이다. 콘텐츠 관련 조직의 역할은 [그림 52]와 같이 표현할 수 있는데, 이 조직들은 콘텐츠 공급자와 플랫폼을 형성하여 사업을 추진하게 된다.

- 콘텐츠 관련 조직들은 콘텐츠 생산자나 콘텐츠가 포함된 관광상품을 판매하는 여행사들과 콘텐츠 발굴 플랫폼을 형성한다.
- 콘텐츠 발굴 플랫폼에서 NTO의 조직들은 NTO가 보유한 각종 채널을 통해 콘텐츠를 홍보하며, 콘텐츠를 활용한 상품개발 등을 추진한다.
- 콘텐츠 관련 조직들은 국내시장 대상의 사업을 추진할 경우에는 NTO의 지방조직과 파트너십을 형성하게 된다.

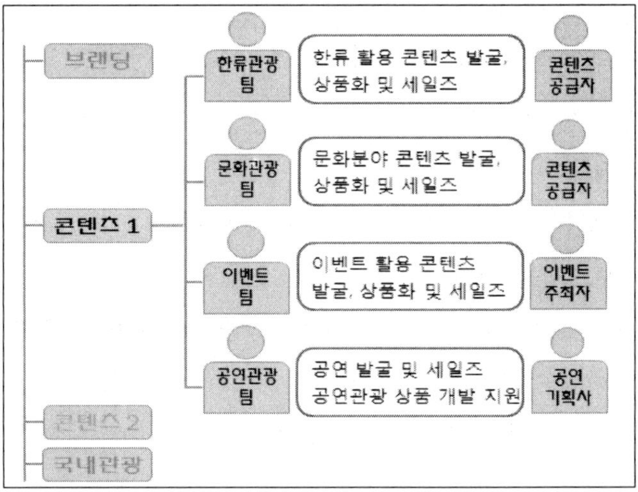

[그림 52] 콘텐츠 중심의 조직과 기능

[그림 52]에서 콘텐츠 발굴 플랫폼의 참가자들은 콘텐츠 공급자들인데, 이들이 곧 관광업계이며 NTO조직의 고객이 된다. 해외시장과 국내시장이 모두 활동영역에 포함되는데, 국내시장을 대상으로 한 사업이 효과가 있으면, 해외시장을 대상으로도 그 사업을 할 수 있을 것이다.

[그림 53]은 NTO의 국내관광조직을 상세하게 나타낸 것인데, NTO의 국내관광 담당 조직은 시장중심의 조직으로서 국내시장에서의 브랜딩과 웰커밍을 담당한다. 이 조직은 캠페인을 통해 내국인의 국내여행에 대한 수요를 자극하며, NTO의 지방조직과 지자체가 참여하고 있는 플랫폼을 통해 관광여건 개선사업을 추진하게 된다. ([그림 20] 국내여행 활성화 플랫폼 참조)

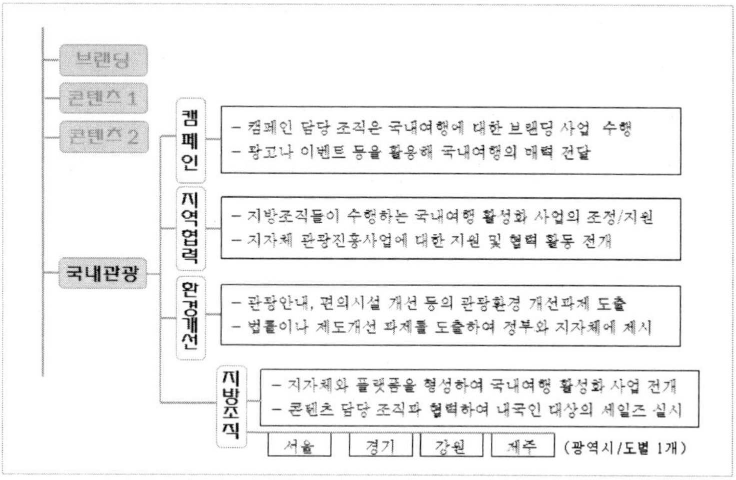

[그림 53] NTO 국내관광 조직의 역할

- 캠페인 담당 조직은 국내관광에 대한 관심 제고와 수요창출을 위한 브랜딩을 담당한다. 이 기능은 포괄적인 차원에서의 국내여행에 대한 관심 유도나 국내관광 인식 제고 수준의 캠페인에 한정되며, 구체적인 콘텐츠에 대한 세일즈 활동은 포함되지 않는다.
- 지역협력 조직은 국내 각 지역들의 홍보활동을 지원하고 조정하는 것인데, 여기서 각 지역의 홍보활동은 NTO의 지방조직과 지자체가 형성한 지방관광 활성화 플랫폼을 의미한다. NTO의 지방조직은 담당 지역에 대한 브랜딩이나 세일즈 활동을 전개하며, 플랫폼을 형성하여 지자체들과 공동으로 사업을 추진하게 된다. 그리고 앞서 언급하였듯이 이 지방조직들은, 콘텐츠 담당

조직들과 개별적으로 협력하게 되지만, 지방조직 상호 간에는 경쟁을 하게 된다.

- 환경개선 담당 조직은 지자체의 관광환경 개선 노력을 유도하는 역할을 담당한다. 지방의 관광여건 개선과 관광객들의 관광편의를 제고하는 역할을 하지만, 지자체의 역할을 유도하는 것에 주안점을 둔다.

지금까지 정리한 NTO의 조직과 기능을 종합하여 NTO의 하부조직들을 관광객들의 행동단계 및 마케팅 프로세스와 연결시켜 보면 [그림 54]와 같다.

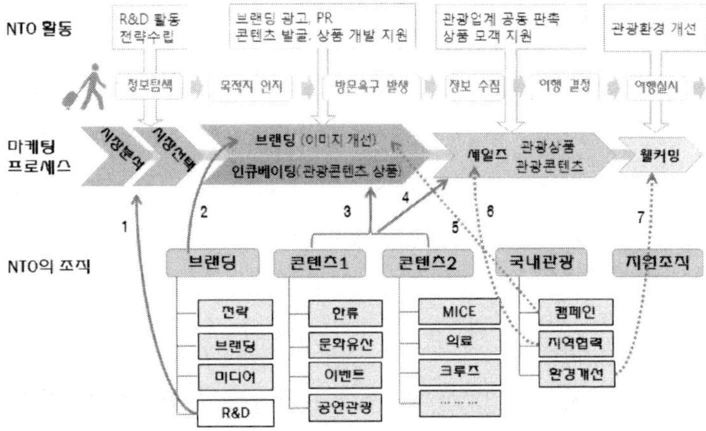

[그림 54] NTO조직과 마케팅 프로세스

- 1번 기능은 시장조사 및 시장분석 기능을 말하며, NTO의 R&D 조직이 담당한다.

- 2번 기능은 해외시장에서 관광목적지에 대한 선호도를 높여 가장 기본적인 수요를 창출하는 브랜딩 기능을 말한다. 관광목적지에 대한 인지도를 높이고 여행욕구를 발생시키는 활동을 의미한다. 주로 잠재시장을 대상으로 활동을 전개하나, 기존의 시장을 대상으로 이미지 개선 작업을 추진하기도 한다. 5번 기능은 국내시장에서의 브랜딩 기능을 말한다. 1번과 5번 기능은 NTO가 수요창출 기지라는 것을 의미하며, 그 활동 포인트는 브랜딩이다.
- 3번과 4번 기능은 콘텐츠 발굴을 담당하는 조직들이 콘텐츠를 발굴하고 해외시장에서 콘텐츠의 세일즈를 추진하는 기능을 말하며, 6번 기능은 국내에서의 세일즈 기능을 말한다. NTO가 콘텐츠 생산 기지라는 것은 이 기능을 말하며, 콘텐츠를 찾아 상품화시키거나 직접 세일즈를 통해 관광콘텐츠로 육성하는 인큐베이팅 방식으로 사업을 추진한다.
- 7번 기능은 방문한 관광객들의 만족도를 높이기 위한 관광여건 개선 노력을 의미한다. NTO가 주도하지만, 실질적인 여건개선 작업은 지자체와 관광업계(콘텐츠 공급자, 편의시설업체)가 추진하는 방식이다.

NTO는 관광산업 생태계의 활성화라는 임무를 부여받고 있으므로, NTO의 조직구조가 관광산업 생태계의 구성요소들과 연계되어 있는지도 검증해 볼 필요가 있다. [그림 55]는 관광산업 생태계의 영역들이 NTO조직과 어떻게 연계되어 있는지를 나타낸 것이다.

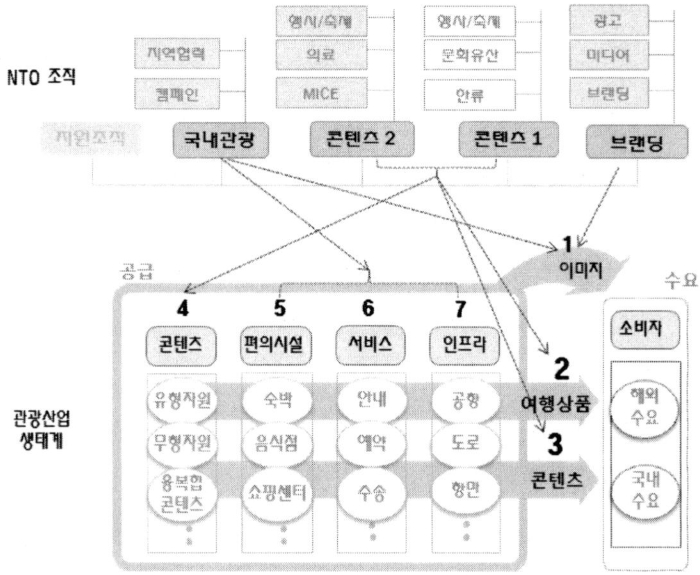

[그림 55] NTO의 조직과 관광산업 생태계

- 1번의 이미지 영역은 NTO의 브랜딩 기능과 연계되는데, 브랜딩 기능은 관광목적지에 대한 선호도를 높여 가장 포괄적인 수요를 창출하는 것임을 설명한 바 있다. 해외에서의 브랜딩 기능은 브랜딩 조직이, 국내에서의 브랜딩 기능은 국내담당 조직이 맡게 된다.
- 2번 기능과 3번 영역은 여행상품이나 콘텐츠 세일즈 영역인데, 콘텐츠 발굴을 담당하는 조직이 콘텐츠를 여행상품으로 개발하거나 콘텐츠 자체를 소비자에게 부각시키는 세일즈 활동을 하게 된다.

- 4번 영역은 3번 영역과 중복되기도 하는데, 관광콘텐츠를 발굴하는 기능을 말한다. 강조하였다시피 콘텐츠 발굴은 여기에서 끝나지 않고 2, 3번의 세일즈 기능을 포함한다.
- 5, 6, 7번 영역은 관광환경 영역이며, NTO의 관광환경 개선 조직들이 담당하는 것이다. 그런데 현실적으로 NTO는 지자체나 관광업계의 관광여건 개선 노력을 유도하는 정도의 활동만 하게 되며, 실질적인 개선노력은 지자체나 관광업계의 몫이 된다.

이와 같이 NTO의 조직은 NTO가 관여하는 관광산업 생태계 활성화 영역과 마케팅 프로세스 및 관광객의 행동단계를 고려하여 설계된다. 물론 국가마다 관광산업이 처한 상황이나 정책방향이 다르기 때문에 NTO의 조직구조가 같을 수는 없지만, 일정한 기준 특히, 관광산업 생태계의 활성화 영역과 마케팅 프로세스 등을 기준으로 한다는 점은 동일할 것이다.

3. NTO의 지방조직과 해외조직

NTO의 지방조직은 국내여행 활성화 플랫폼에서 설명하였듯이 NTO의 국내관광 담당조직의 하부조직으로 설계된다. 이들 NTO 지방조직들은 관광콘텐츠 홍보와 세일즈를 위해 NTO 본부의 콘텐츠 발굴을 담당하는 조직과 협력하는 방식으로 사업을 추진하지만, [그림 19]와 같이 해당지역의 지자체들과 협력하여 플랫폼을 형성하여 지역 관점의 마케팅 활동을 수행하게 된다. NTO 본부는 지방조직을 지원 또는 관리하는 역할을 하게 되며, 사업의 우수성을 측정 · 평가하여 경쟁을 촉진하게 된다. 경쟁과 협력을 공존시킴으로써 지방관광 활성화 노력이 강화되어 가는 것이다. 이러한 관점을 반영하면 NTO 지방조직들은 [그림 56]과 같은 구조를 가지게 된다. 사실 지자체들은 국가관광기구인 NTO의 역할과는 별개로 해외마케팅에 대한 관심이 많다. 그러나 지자체 단위의 해외마케팅은 시장에서 관광목적지로서의 존재감도 없을뿐더러, NTO의 활동과 중복되는 면이 많아 자원낭비의 성격이 강하다. 따라서 지자체는 NTO의 지방조직과 협력하여 국내관광 활성화를 위한 지방관광 홍보와 관광환경 개선에 집중하고 해외시장 공략은 NTO가 담당하는 것이 국가적인 차원에서 효율적인 방식이라 생각된다.

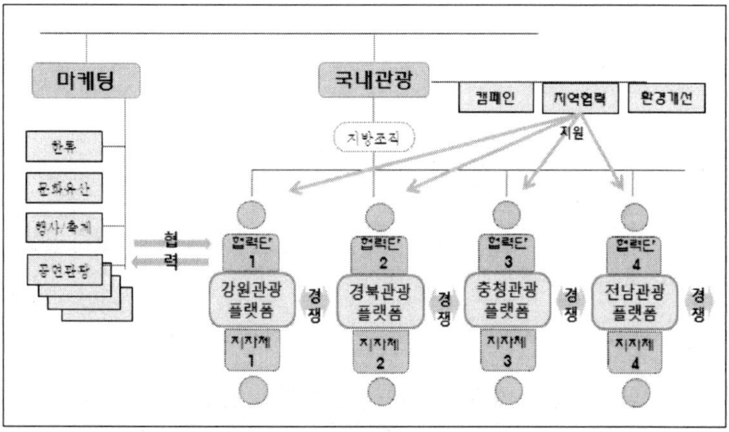

[그림 56] NTO 지방조직의 구조와 역할

한편 NTO의 해외조직은 브랜딩 기능의 수행을 위한 미디어 접촉 기능과, 콘텐츠 발굴조직이 수행하는 세일즈 기능을 담당하는 곳이다. 이 말은 브랜딩 기능에서는 보조적인 역할을, 세일즈 기능은 보다 주도적으로 전개한다는 것을 의미한다. NTO 해외조직이 마케팅의 현장에서 목표시장에 영향력 있는 매체를 선별하여 브랜드 콘셉트가 노출되도록 하지만, 브랜드 전략의 수립이나 브랜드 콘셉트의 설정 등을 담당할 수는 없기 때문이다. NTO 해외조직에서 가장 비중이 큰 역할은 콘텐츠의 세일즈를 위해서 이벤트를 개최하거나 여행사를 통해 관광상품화를 추진하는 것이며, 이 역시 NTO 본부의 콘텐츠 발굴조직들의 활동과 연장선상에서 이뤄지는 것이다. 이와 같이 NTO의 해외조직은 브랜딩이나 콘텐츠 세일즈, 관광업계의 세일즈 지원 등 본부조직이 요구하는 다양한 영역의 활동을 수행하는 손발 역할을 하게 된다. 따라서 NTO의 해외조직은 거시적 차원의 전략을 개발하거나 대규모 사업을 기획하는 등의 고귀한 영혼을 소유할 필요는 없을 것이다.

4. 외국 NTO의 조직 설계사례

NTO의 조직구조는 그 나라에서 차지하는 관광산업의 비중이나 관광정책 방향, 설립목적 등에 따라 달라질 것이다. 여기에서는 우리나라의 NTO인 한국관광공사와 규모가 비슷한 싱가포르 STB의 조직구조를 살펴보고자 한다.

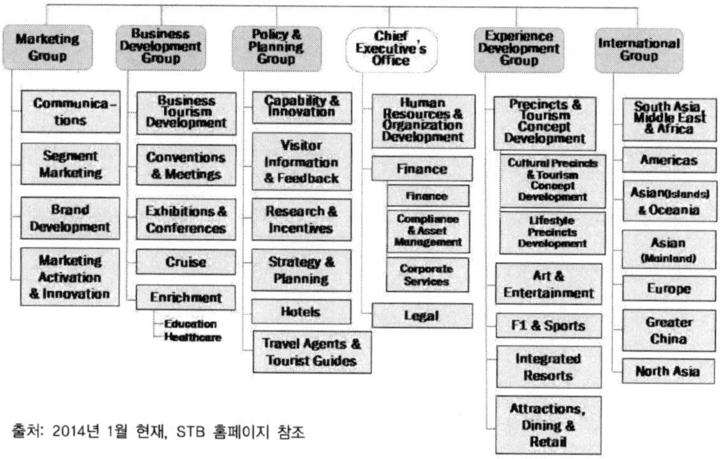

출처: 2014년 1월 현재, STB 홈페이지 참조

[그림 57] 싱가포르 관광공사(STB)의 조직구조

싱가포르 NTO인 STB의 Marketing Group은 관광목적지로서의 싱가포르의 브랜드 이미지를 강화하는 역할과 홍보 웹사이트를 운영한다. 마케팅 방법을 기준으로 한다면, 브랜딩과 인터넷 마케팅을 담당하는 것이다. Business Development Group은 싱가포르의 컨벤션뷰로로서 컨벤션 유치사업을 담당하며, 크루즈와 교육관광, 의료관광 사업도 추진하고 있다. 이 그룹은 관광분야의 신사업영역을 육성하는 역할을 하며, 고부가 또는 융복합 관광영역을 개척하고 있다. Policy & Planning Group은 호텔과 같은 편의시설의 개선, 관광업계 지원 및 제도개선, 가이드 양성 등을 담당하는 곳이다. 또한 시장조사를 실시하여 그 결과를 관광업계에 제공하는 역할을 하며 회사의 중장기 전략을 수립하는 기능도 있다. Experience Development Group은 관광지구(tourism precinct)의 콘셉트 개발과 운영은 물론, 예술·

스포츠 · 엔터테인먼트 분야의 관광콘텐츠 발굴을 담당하는 곳으로 전형적인 콘텐츠 중심 조직에 해당된다. International Group은 ① South Asia, Middle East & Africa, ② Americas, ③ ASEAN(Islands) and Oceania, ④ ASEAN(Mainland), ⑤ Europe, ⑥ Greater China, ⑦ North Asia 등 7개 지역단위의 조직, 즉 시장중심의 조직으로 구성하고 22개 해외지사를 운영하고 있다.

[그림 58]은 호주 NTO인 TA(Tourism Australia)의 조직도이다. 호주관광공사에서 마케팅 활동의 중심은 브랜딩 관점의 활동을 담당하는 'Consumer Marketing' 부문(division) 조직이다. 마케팅 방법을 기준으로 한다면 브랜드 마케팅과 온라인 마케팅을 담당하는 곳이며, 시장을 기준으로 한다면 해외시장 대상 마케팅과 국내여행 활성화를 위한 사업을 모두 담당하는 곳이다.

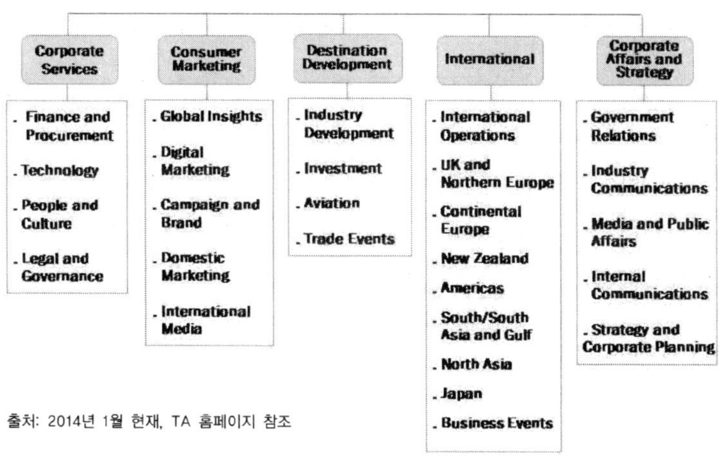

출처: 2014년 1월 현재, TA 홈페이지 참조

[그림 58] 호주 관광공사(TA)의 조직구조

'Destination Development' 부문은 공급부문의 문제점들을 해결하는 곳으로, 관광업계의 마케팅 활동을 조정 · 지원하는 기능을 담당한다. International 부문(division)은 관광업계와 협력하여 세일즈 활동을 전개하는 시장중심의 조직이다. 여기에서는 ① UK and Northern Europe ② Continental Europe, ③ New Zealand, ④ Americas, ⑤ South/South and Gulf, ⑥ North Asia, ⑦ Japan 등 7개 지역허브 개념의 조직이 18개 핵심시장을 담당하며, 나머지 지역은 International Operation Team이 담당하고 있다.

호주 관광공사 조직의 특징 중 하나는 'Corporate Affairs and Strategy' 부문인데, 이 조직은 중앙정부 및 주 정부와 협력창구 역할을 하는 곳이다. 호주는 주 단위 RTO들의 관광마케팅 활동이 활발하여, 각 주와 NTO 및 중앙정부의 활동들이 통합된 브랜드 이미지를 유지하고 전략적 연계성을 확보하는 활동이 필요하게 되었다. 호주가 관광홍보에서 끊임없이 '한목소리'를 강조하는 것이 이러한 배경에서 나오는 것인데, 'Corporate Affairs and Strategy' 부문의 'Government Relations' 팀이 그 역할을 하고 있다. 호주가 NTO와 RTO, 관광업계의 활동이 브랜드 관점에서 일관성을 유지하고 있고, 호주라는 브랜드는 전 세계 관광시장에서 차별화된 이미지를 형성하고자 하는 점이 NTO의 조직 설계에도 반영된 것이다.

제 9 장

관광산업 활성화 노력의 성과 측정

1. 관광산업 활성화 노력의 사이클
2. 성과측정과 BSC
3. 마케팅 프로세스별 성과지표

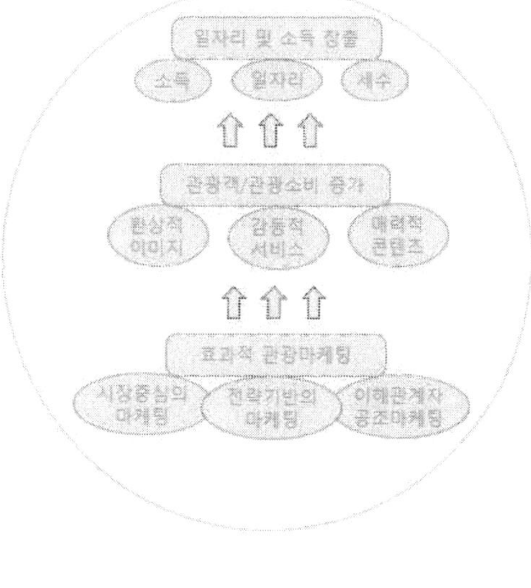

제9장

관광산업 활성화 노력의 성과 측정

관광산업 육성의 최종 목표는 관광분야의 일자리와 소득 창출임을 누차 강조한 바 있다. 이 최종목표는 어떠한 과정을 거쳐서 달성될 수 있을까. 이번 장에서는 다양한 영역에서 전개되고 있는 관광산업 활성화 노력들이 의도하는 목표를 달성하고 있는지를 점검하는 방법을 NTO의 성과관리 활동을 통해 살펴보고자 한다.

1. 관광산업 활성화 노력의 사이클

관광산업 활성화 노력은 관광산업 생태계 전반에 걸쳐 다양하게 진행되는데, 정부 · 지자체의 정책과 더불어 관광산업 활성화 노력을 주도할 NTO의 역할이 무엇보다 중요하다. NTO 역할이 제대로 이뤄지려면 일단 NTO에 대한 적절한 지원이나 투자가 선행되어야 하는데, NTO의 활동을 지원하는 수단은 크게 보면 NTO의 운영에 필요한 재원과 인력 그리고 필요한 기능을 갖추는 것을 의미한다. NTO에 대한 적절한 지원과 투자를 바탕으로 NTO는 체계적인 경영

전략을 마련하고, 우수한 인적자원을 확보하여 사업역량을 최적화 시키게 된다. NTO의 역량이 최적화되면 전략적인 관광마케팅이 가능하게 되는데, 전략적인 관광마케팅이란 관광목적지로서의 환상적인 이미지를 형성하고, 매력적인 콘텐츠를 공급하며, 찾아온 관광객들에게 감동적인 서비스를 제공한다는 것이다. 이러한 활동이 펼쳐지면 관광목적지에 대한 선호도나 호감도가 높아져 관광목적지로서의 경쟁력을 갖추게 되는 것이다. 관광목적지로서의 경쟁력이 확보되면 그것은 관광객 증가와 관광객들의 지출 증가로 연결된다. 관광객 증가와 관광객들의 지출 증가를 통하여 관광분야 일자리가 늘어나고, 수익이 창출되며, 정부 입장에서는 세수가 늘어나게 된다. 일자리 창출과 수익 증가는 NTO에 대한 지원을 촉진하는 계기가 되며, 그것은 다시 NTO의 역량을 키워 더욱 체계적인 사업추진을 가능하게 하는 사이클이 형성된다. 이러한 사이클을 단순하게 표현하면 [그림 59]와 같다. NTO 지원–NTO 역량의 최적화–전략적 관광마케팅–관광경쟁력 확보–관광산업 활성화로 이어지는 사이클이 선순환구조를 이룬다면 관광산업의 활성화가 이뤄지고 있다고 판단할 수 있다.

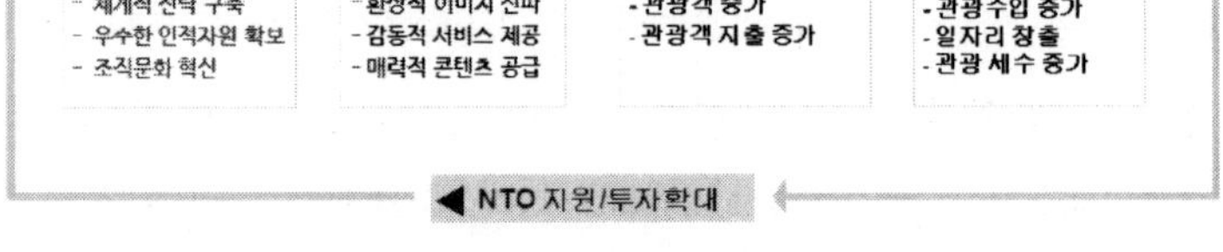

[그림 59] 관광산업 활성화 노력의 순환

2. 성과측정과 BSC

• BSC의 관점

관광산업 활성화 노력에서의 성과관리는 관광산업 육성의 최종목표 즉 일자리와 소득창출이라는 미션을 설정하고 그것을 달성하기 위한 전략을 수립하며, 전략적인 목표들을 달성하기 위한 핵심성공요인(CSF, Critical Success Factor)들을 도출하고, 핵심성공요인들을 제대로 달성/실행하고 있는지를 측정하는 성과지표(KPI, Key Performance Indicator)를 통해 목표달성여부를 체크하는 것이다. 이 과정에서 관광산업 활성화 노력의 성공여부는 정부의 관점이나 관광업계의 관점, NTO의 관점 등 어느 특정 관점으로만 판단할 수는 없다. NTO의 관점에서 관광산업 활성화 노력이 성공하고 있다고 판단하였을지라도, 정부나 관광업계 입장에서의 시각은 다를 수 있기 때문이다.

일반적으로 경영컨설팅 영역에서 BSC(균형성과표, Balanced Score Card)는 재무(Financial), 고객(Customer), 내부 프로세스(Internal Process), 학습과 성장(Learning & Growth)이라는 네 가지 관점에서 조직의 목표 달성 정도를 판단하는 방법이다. 그러나 NTO의 관광산업 활성화 노력은 일반기업과 다른 면이 있다. NTO는 하나의 기업이지만 NTO 자체의 재무적인 이익을 추구하는 것이 아니라, 관광업계나 정부 등 이해관계자들의 이익을 추구하는 것이다. 여기서 이해관계자는 NTO의 존재이유를 제공하는 국민(광범위하게는 국민이지만, 국민 중에서 관광업계, 관광산업 종사자 및 정부가 핵심 이해관계자가 될 것임)이다. 아무튼 이러한 이해관계자들이 NTO에 궁극적으로 원하는 것(NTO의 미션에 해당)을 달성하는 것이 BSC의 재무적인 이익에 해당된다. 즉 NTO의 재무적 성과는 NTO의 활동으로 인해 관광산업과 관련된 국민(핵심 이해관계자)들에게 돌아가는 재무적 성과를 의미하게 된다는 것이다. (사실 NTO는 그 이해관계자를 위해 존재하는 것이며, 그 핵심 이해관계자들이 NTO의 주주에 해당된다.) 이런 의미에서 NTO의 핵심성공요인이나 핵심성과 지표는 궁극적으로는 이해관계자의 성과 또는 이해관계자에게 돌아가는 성과를 측정하는 지표가 되어야 하는 것이다. 따라서 BSC에서 NTO의 재무적 성과는 NTO가 달성하는 이해관계자의 재무적 성과를 말하게 되며, NTO의 '재무적 관점'은 '이해관계자' 관점이 되는 것이다.

NTO의 BSC에서 두 번째 관점은 고객관점인데, 이는 'NTO의 미션을 달성하기 위해 고객을 어떻게 만족시킬 것인가'라는 명제를 의미한다. 그런데 여기에서 고객이란 NTO 자체의 고객이라기보다는 관광산업 전체의 고객, 즉 관광객을 의미한다. 일반 기업은 고객이 기업의 제품이나 서비스를 구입하여 이윤이 창출되지만, 관광산업에서는 관광객의 관광소비가 수익의 원천이 된다. 따라서 BSC에서의 고객관점은 NTO의 관광산업 활성화 노력에서는 관광객의 관점을 의미하게 된다. NTO 자체로 봐서는 NTO의 중요 고객은 관광업계나 정부 등 위에서 말한 핵심 이해관계자가 될 것이다. 그러나 NTO 활동의 성과를 측정하기 위한 BSC에서의 고객관점은 NTO의 성격상 관광산업에서 바라보는 고객관점, 즉 관광객 관점이 될 수밖에 없는 것이다. (일반적으로 얘기하는 NTO의 고객과 BSC의 고객관점을 말할 때의 고객은 다르다는 점에 유의해야 한다.)

BSC의 세 번째 관점은 내부 프로세스 관점인데, 이것은 위에서 말한 '이해관계자와 관광객을 만족시키기 위해 NTO의 사업 프로세스를 어떻게 가져갈 것인가'라는 질문에 대한 해답을 의미한다. 즉 브랜드 커뮤니케이션, 세일즈, 웰커밍 등 NTO가 추진하는 사업들의 프로세스 개선을 추구하는 관점이다. 마지막으로 BSC의 네 번째 관점인 '학습과 성장'관점은 'NTO의 역량을 어떤 방법으로 키울 것인가'라는 관점을 의미한다. NTO의 역량 개발이 중요한 것은, NTO의 역량이 관광산업 이해관계자들에게 돌아가는 성과의 달성여부를 좌우하기 때문이다.

지금까지 NTO의 관광산업 활성화 노력의 성과측정을 위한 BSC 방식의 관점들을 정리하면 [그림 60]과 같다.

일반적 BSC		NTO의 BSC	의 미
재무 (Financial)	≠	**이해관계자** (Stakeholder)	NTO의 활동이 이해관계자의 만족과 성공에 얼마나 기여하고 있는가?
고객 (Customer)	≠	**관광객** (Visitor)	NTO의 활동이 관광객의 충성도와 방문수요를 높이고 있는가?
내부 프로세스 (Internal Process)	=	**내부 프로세스** (Internal Process)	이해관계자와 관광객을 만족시키기 위해 NTO의 사업방식을 어떻게 개선할 것인가?
학습과 성장 (Learning & Growth)	=	**학습과 성장** (Learning & Growth)	비전 달성을 위해 어떤 방법으로 NTO의 역량을 키울 것인가?

[그림 60] BSC의 관점 비교

• 핵심성공요인(CSF)과 전략지도(Strategy Map)

[그림 59]에 나타난 관광산업 활성화 노력의 순환구조에서 NTO 역량의 최적화를 좌우하는 요소는 체계적인 경영전략, 우수한 인적자원 등 여러 가지 요인들이 있을 것이다. 그러한 요소들 중 NTO 역량의 최적화 달성에 결정적으로 중요한 요인들이 소위 핵심성공요인(CSF, Critical Success Factors)이다. 전략적 관광마케팅 단계에서도 전략적 마케팅의 성공을 좌우하는 핵심요인들이 있을 것이며, 마찬가지로 관광경쟁력 확보 단계에서도, 관광경쟁력 확보 여부를 좌우하는 핵심성공요인인 관광객 증가, 관광객 지출 증가 등의 성공요인들이 있을 것이다. 이러한 CSF들은 관광산업 활성화 노력 프로세스의 단계별로 인과관계를 가지고 있다. 즉 '환상적 이미지 전파', '감동적 서비스 제공', '매력적 콘텐츠 공급'이라는 CSF들은 다음 단계의 CSF인 '관광객 증가', '관광객 지출 증가'를 가능토록 하는 것들이다. 마찬가지로 '관광객 증가', '관광객 지출 증가'라는 CSF들은 '관광수입 증가', '일자리 창출'이라는 다음 단계의 CSF가 달성되도록 하는 요소들이다. 이러한 CSF의 인과관계를 지도형태로 표현한 것이 소위 전략지도(Strategy Map)이다.

NTO의 전략지도는 관광산업 활성화 노력(전략과 사업)이 관광산업 육성의 최종목표(일자리, 수입, 세수) 달성에 어떻게 기여하는가(즉 가치를 창출하는가)를 논리적인 흐름으로 보여주기 위해 핵심성공요인들의 인과관계를 표현한 것이다. 전략지도가 중요한 것은 NTO의 활동이 관광산업 활성화 노력의 최종목표 달성과 어떤 연관성이 있는가를 보여줌으로써, 관광산업 활성화 노력이 체계적으로 추진되고, 목표달성에 모든 역량이 모아질 수 있기 때문이다. 일반적으로 관광산업 활성화 노력에서 전략지도의 작성은 [그림 61]로 나타낸 관광진흥사업 핵심성공요인들의 인과관계의 흐름과는 역순으로 진행된다. 이를테면 NTO는 관광수입, 관광분야 일자리 및 관광관련 세수의 증가라는 미션을 부여받고 있다. 이 미션을 달성하기 위해서는 무엇을 실행/실천하고 어디에 집중해야 할까. 당연히 관광객 증가, 관광수입 증가, 관광산업 활성화에 집중해야 하며, 이것이 미션달성 전략의 핵심성공요인들이다. 그 다음 단계로 관광객 및 관광수입 증가를 위해서는 관광목적지로서의 경쟁력이 확보되어야 하는데, 그것을 위해 환상적인 이미지, 감동적인 서비스, 매력적인 콘텐츠가 공급되어야 할 것이다.

전략지도 작성의 다음 단계는 환상적 이미지, 감동적인 서비스, 매력적인 콘텐츠 공급이 가능토록 하는 성공요인을 파악하는 것이다. 그 성공요인들은 브랜딩 활동을 강화하여 이미지를 개선하고, 관광콘텐츠 발굴을 통해 새로운 매력을 주며, 관광환경 개선을 통해 관광객들에게 감동을 전해주는 것을 말하므로, 브랜딩 활동 강화, 관광콘텐츠 발굴 활성화, 관광환경 개선 등이 핵심성공요인이 될 것이다. 그런데 이러한 활동들은 NTO의 사업 역량을 최적화시켜야 가능해지는 것이므로, NTO의 역량을 최적화시키는 요인들이 이 단계의 핵심성공요인들이다. NTO의 역량을 최적화시키기 위해서는 NTO의 경영전략이 체계적이어야 하며, NTO가 우수한 인적자원을 보유해야만 가능한 것이다. 체계적인 전략과 우수한 인적자원은 NTO

R&D 능력의 강화, 인적자원의 개발, 업무와 ICT기술의 접목, 전략의 실행력 강화 등 NTO 내부의 다양한 성공요인들에 의해 좌우된다. 이와 같은 흐름으로 핵심성공요인들의 인과관계를 설정하여 표현한 것이 전략지도이며, 아주 단순화시키면 [그림 61]과 같다. 물론 NTO의 실제 전략지도는 [그림 61]보다 훨씬 복잡하고 다양한 성공요인들의 인과관계를 나타내게 된다.

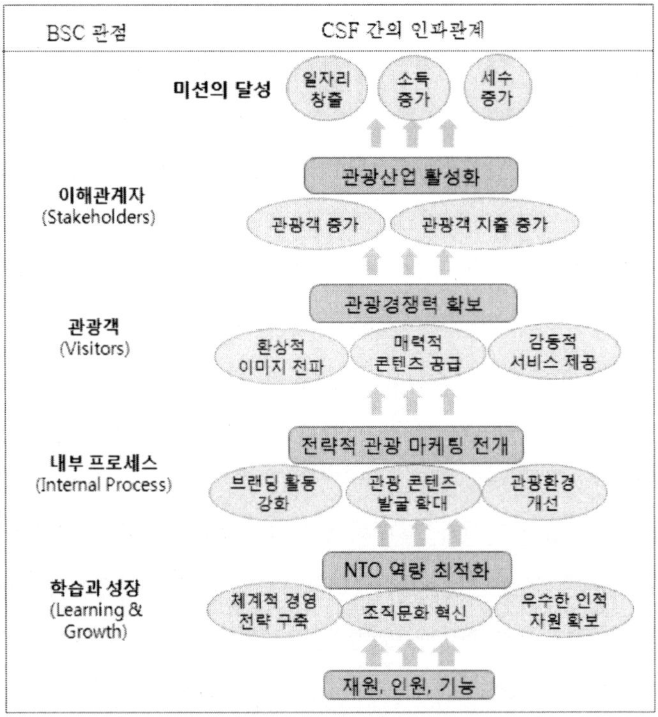

[그림 61] NTO의 전략지도(Strategy Map) 사례

[그림 61]의 전략지도에서 예를 든 CSF, 즉 핵심성공요인들은 NTO가 미션달성을 위해 반드시 실행/이행/달성해야 할 중요 과제 또는 전략목표들이다. 이 과제들은 NTO의 실제 전략에서는 주로 중점과제, 역점과제, 핵심과제 등으로 설정되는 것이므로 핵심성공요인이 결국은 역점과제, 중점과제가 되는 것이다(실제로 CSF와 중점과제 등의 용어는 혼용되고 있음). [그림 61]은 외국인 관광객 유치활동을 중심으로 하여 NTO 차원의 전략지도를 표현한 것이지만, 국내관광이나 의료관광 등과 같은 하위사업부문의 역할에 적용되는 세부적인 전략지도를 만들기도 한다. 이러한 전략지도를 만드는 것은 관광산업 활성화를 위한 성공요인들을 논리적으로 연계시켜서 목표들 간의 인과관계를 설정하며, 관광산업 이해관계자들의 이해를 높이고 역량을 모으기 위함이다.

• KPI의 유형과 평가방법

NTO들은 전략지도 작성과 더불어 핵심성공요인(역점과제/중점과제/핵심과제)의 달성도나 미션의 달성여부를 판단할 수 있는 수단을 필요로 하게 되는데, 이 목표달성여부의 측정 수단이 곧 핵심성과지표(KPI, Key Performance Index)이다. KPI는 성과향상 프로세스가 제대로 작동하여 가치창출(즉 미션 달성)에 기여하고 있는가를 판단하는 것이므로, 달성하고자 하는 목표(전략목표, 핵심과제 등)가 무엇인지를 분명히 하고 목표달성여부를 판단할 수 있는 기준을 제시할 수 있어야 한다. 목표와 목표치 성과지표 등을 포괄적으로 성과지표라고 부르는 경우가 많은데, 이를 구분하면 [그림 62]와 같다.

구 분	예 시	의 미
성과목표	**한국관광이미지 개선**	미션의 달성을 위한 핵심성공요인의 달성/실행/확보
성과지표	**한국관광 선호도**	목표달성도 측정 방법
목표치	**전년대비 10% 상승**	일정 기간 목표달성 노력의 실적 수준
실행과제	**브랜딩 광고 2,000천원**	목표달성을 위한 사업 실행

[그림 62] 성과목표와 성과지표의 의미

BSC의 성과지표들은 다양한 기준으로 분류할 수 있는데, 일단 [그림 61]의 전략지도를 기준으로 한다면, BSC의 관점을 기준으로 '학습과 성장 관점의 지표, 내부 프로세스 관점의 지표, 관광객 관점의 지표, 이해관계자 관점의 지표로 분류할 수도 있다. 그런데 BSC를 균형성과표라고 부르는 것은 이 관광산업의 활성화 노력의 성과지표들도 BSC의 네 가지 관점에서 균형있게 설정되어야 한다는 것을 의미한다. '균형'이라는 용어의 의미는 네 가지 관점의 성과를 측정하는 지표들을 25%의 비중을 두어 균형을 맞추라는 의미가 아니라, 궁극적으로 미션의 달성과 이해관계자 및 관광객 관점의 지표에 비중을 두되 내부 프로세스 관점이나 학습과 성장 관점의 지표에도 어느 정도의 비중을 두어야 한다는 의미이다.

성과지표 분류의 또 다른 방법은 계량지표와 비계량지표로 구분하는 것이다. 계량지표는 목표달성의 정도를 수치화하여 측정하는 것으로 실적수치의 단위를 지표명에 표시하여 설정한다. '○○○

관점	성과지표	2014 목표	비고
이해관계자	성과목표 : 관광수입/일자리/세수증대에 기여		
	관광외화수입 기여	·····억 원	
	관광분야 일자리 창출/유지 개수	·····개	
	관광세수 기여	·····억 원	
관광객	성과목표 : 한국관광 수요 창출 및 만족도 제고		
	관광객 유치 인원 - 순수, MICE, 의료 관광객...	·····명	
	한국관광 선호도	·····%	
	마케팅 캠페인 ROI	·· : ··	
	목표시장 아웃바운드 점유율	·····%	
	핵심시장 관광객 1인당 소비액	·····원	
	여행인프라 만족도	·····점	
	한국 재방문율	·····%	
내부 프로세스	성과목표 : 관광마케팅 활동의 실효성 제고		
	대외기관 공동사업 시행 건수	·····건	
	언론홍보사업 ROI	·· : ··	
	관광정보 제공/다운로드 건수	·····건	
	사업파트너 만족도	·····점	
	웹사이트 방문인원/회원 수	·····명	
학습과 성장	성과목표 : NTO 역량의 최적화		
	시장정보 활용 만족도	·····점	
	내부고객 만족도	·····점	
	역량지수 향상도	·····%	

[그림 63] NTO의 BSC(균형성과표) 사례

여행상품 판매금액'과 같이 절대값으로 표현하기도 하고, '관광 매력도 평가지수'와 같이 산식을 통한 지수(Index) 형태로 설정할 수도 있으며, 비율이나 등급, 국제기구의 통계에 의한 순위 등 다양하게 설정할 수 있다. 비계량지표는 목표달성을 위한 노력이나 기여도 등을 측정하는 지표로서 수치에 의한 목표를 제시할 수 없는 경우에 사용된다. '○○○ 활성화 노력', '○○ 개선노력 평가' 등으로 표현되며, 정성적인 방법에 의해 달성도를 평가한다.

한편 성과지표의 유형을 검증하는 방법으로 관광산업 활성화노력을 투입–활동–산출–결과/효과라는 논리적 흐름에 따라 지표를 분류하는 방법도 있다. (경영컨설팅 영역에서는 로직 모델이라고도 함) 투입(Input)지표란 사업의 진행을 위해 투입된 요소의 적정성 여부를 판단하는 지표를 말하며, 거시적 관점에서 본다면 관광산업 활성화 노력에 투입된 정부의 예산규모, NTO에 투입된 인력 등이 투입요소가 되며, 이러한 투입요소를 측정하는 지표가 투입(Input)지표이다. NTO의 사업 차원에서는 예산액(비율), 투자액, 투입인력, 투입시간, 투입장비 등 다양한 투입요소를 측정하는 지표의 설정이 가능하다. 과정(Process)지표는 활동지표(Aactivity)라고도 하는데, 관광산업 활성화 노력에 투입된 인적·물적 자원을 기반으로 하는 사업추진활동의 적정성을 판단하는 지표이다. 방한상품 개발건수, 홍보용 인터넷 사이트 접속건수, 해외 언론 노출실적, 앱 다운로드 건수 등 다양하게 설정할 수 있다. 한편 산출(Output)지표는 관광산업 활성화 노력을 통해 도출된 1차적 산출물(관광관련 서비스나 관광상품 등)의 적정성을 판단하는 지표이다. 한국관광 이미지 증가율, 방한상품(업계 공동) 판매실적, 관광안내체계 만족도, 국제회의 유치건수 등이 여기에 해당된다. 네 번째 유형인 결과/효과(Outcome)지표는 사업이 지향하는 최종 결과나 성과를 말하는데, 거시적인 관점에서는 관광분야 일자리 창출 개수, 관광수입 증가 등이 되겠지만, NTO의 사업 관점에서는 특정 시장에서의 한국관광 점유율, 특정 상품 판매 실적 등 사업의 최종 결과를 평가하는 지표이다. 투입–활동–산출–결과라는 지표의 형태는 보는 관점에 따라 분류기준이 달라질 수 있는데, NTO의 입장에서는 산출(Output)이지만, 거시적 관점에서 프로세스 지표에 해당될 수도 있다.

우리나라의 경우 NTO인 한국관광공사는 매년 정부로부터 관광산업 활성화 노력의 성과를 평가받고 있다. 이 평가에서 계량지표에 대한 평가는 달성도와 더불어 목표 자체의 도전성을 중요시한다. 목표의 도전성 여부는 투입지표나 활동지표보다는 산출지표나 결과지표를 긍정적으로 평가한다. 예를 들면 BSC에서 학습과 성장 관점의 핵심성공요인인 'R&D 핵심인력 확보'라는 목표가 있다고 가정해 보자. 핵심인력 확보는 외부 전문가 채용 또는 직원 교육을 통해 달성할 수 있다. 이 경우 교육예산 금액, 교육시간 증가율 등의 지표는 투입요소를 측정하는 것이므로 투입지표가 되며, 전문가 채용방식 개선, 직원 교육제도 개선과 관련된 지표는 활동(Activity)지표가 된다. 산출(Output)지표는 투입이나 프로세스의 개선을 통해 도출된 1차적 결과물을 측정히는 지표를 말하는데, 관련분야 박사학위 소지인원, 교육시스템 만족도 등이 해당된다. 한편 결과/효과(Outcome) 지표는 전문인력 확보 노력의 최종 성과나 효과를 의미하므로, NTO 시장정보에 대한 관광업계 만족도, 전문인력이 제시한 신규사업의 효과성(인지도 상승, 유치인원 증가) 등이 해당된다. 따라서 교육예산의 금액이나 교육시간 증가율보다는 최종 결과물인 시장정보 만족도가 더 우수한 지표로 인정받게 된다. 관광객 관점의 성과지표에서는 관광객의 만족도가 산출지표가 되겠지만, 그 궁극적 목표는 관광목적지 방문이 얼마나 증가하였는가의 여부이므로 관광목적지 방문인원 증가 또는 재방문율 등이 결과지표가 될 것이다.

비계량지표에 대한 평가는 소위 PDCA 관점으로 평가가 이뤄진다. Plan(계획)에 대한 평가는 사업추진계획이 구체적·체계적으로 수립되었는가를 평가하는 것으로 사업환경 분석, 사업추진 전략, 사업성과 모니터링을 위한 성과목표나 지표 설정 등을 평가하게 된다. Do(사업의 이행) 평가는 사업추진계획의 실행, 즉 Plan이 적절하게 집행되었는가를 평가하는 것이다. 전년대비 개선된 방법으로 사업을 추진하였는지의 여부와 이해관계자의 요구에 부합하는 사업을 추진하였는지 등을 평가하게 된다. 피드백 과정인 Check(점검)와 Act(활동)에 대한 평가는 사업목표 달성도와 성과를 평가하고 사업추진과정에서 발생한 환경변화에 잘 대처하였으며, 사업추진성과를 분석하고 개선방안을 마련하여 피드백하였는가를 평가하는 방식이다.

• 관광산업지표

관광관련 통계로서 가장 자주 접하는 것이 '외국인 관광객 방문인원'과 '관광외화수입'의 규모일 것이다. 이 통계수치는 소위 관광산업지표(Tourism Industry Indicator)로서 국가적 차원에서 관광산업의 규모나 관광산업 생태계의 건전성을 가늠해 보기 위한 지표들이다. 그런데 이 지표들은 관광정책 수립 시 가장 중요한 판단기준이 되는 것이지만, 그 지표들이 의미하는 것이 어떠한 노력의 결과인지를 입증하기란 거의 불가능하다. 세계경제포럼(WEF)이 국가별 관광경쟁력 순위를 발표하기 위해 관광관련 규제/제도, 관광산업의 환경, 관광자원 등의 영역에서 수많은 지표들을 사용하여 경쟁력을 측정하고 있는데, 그 지표들은 관광정책, 제도, 교통수단, 통신, 안전성, 가격경쟁력, 관광에 대한 개방성, 관광자원 등의 요인들을 평가/측정하는 것이다. 따라서 한 국가의 외국인 관광객 수와 관광외화 수입은 세계경제포럼에서 측정하는 수많은 요인들이 종합적으로 만들어낸 결과일 것이다. 물론 세계경제포럼의 관광경쟁력 순위가 높다고 해서 관광산업 활성화 노력이 성공적이라고 판단할 수도 없을 것이다. 더구나 외국인의 방문은 환율, 경기동향, 국가 간의 분쟁이나 마찰 등 외부적인 변수의 영향을 크게 받게 된다. 따라서 외국인 관광객 수를 근거로 관광정책의 실패나 성공을 판단하는 것은 무리가 있을 수 있다.

그런데 앞서 관광산업 육성의 가장 중요한 목적은 일자리 창출임을 강조한 바 있는데, 우리나라의 현 상황에서 관광산업의 건전성을 측정하는 지표로서 가장 의미 있는 것은 관광분야에서 발생하는 일자리의 변동이다. 따라서 관광정책의 성공 여부를 판단한 지표로서 가장 중요한 것이 관광관련 일자리 창출 개수가 될 것이다. 물론 현재도 관광분야의 고용현황은 측정되고 있지만, 관광산업의 범위는 끊임없이 변하고 있으므로 관광산업의 범위를 재설정하고 관광산업 고용실태의 측정방법을 정교하게 수정할 필요가 있을 것으로 보인다. 예를 들면 농촌관광이 활성화되면 농민으로 분류되었던 많은 사람들이 관광산업 종사자로 재분류될 것이며, 민박집 주인도 관광산업 종사자로 재분류될 수 있을 것이다. 여러 국가에서 관광산업 종사자를 직접종사자와 간접종사자로 구분하여 발표하는 등 관광산업의 고용창출 효과를 정확히 측정하기 위해 노력하고 있다.

물론 위에서 언급한 관광산업지표 또한 국가마다 상황이 다를 수 있는데, 관광외화 수입(Tourism Export Revenue)이나 관광 GDP(Tourism GDP)를 중시하는 곳이 있는가 하면, 부가가치 측면에서 외국인 관광객 1인당 소비액을 중시하는 곳도 있다. 우리나라의 경우는 대부분 외국인 관광객의 수에 관심이 집중되고 있으나, 관광산업을 보는 관점이 변하게 되면 관광산업지표의 관심도도 바뀌게 될 것이다. 관광산업에 대한 국민의 관심 제고를 위해서는 국민들에게 중요한, 국민들이 관심을 갖는 관광산업지표를 주기적으로 발표해야 할 것이다. 관광산업이 막연히 중요하다고 강조하는 것보다는 피부에 와 닿는 지표를 설정하여 주기적으로 발표함으로써 국민에게 어필하는 것이 더 호소력이 있기 때문이다.

3. 마케팅 프로세스별 성과지표

관광산업 활성화 노력의 성과지표는 여러 관점에서 설정하고 측정할 수 있는데, 마케팅 활동의 프로세스 관점에서 성과지표들을 정리해 볼 수도 있다. 앞서 언급하였지만, 관광산업의 마케팅 활동은 시장분석과 시장선택으로 시작되어 수요창출을 위한 브랜딩 활동, 세일즈, 웰커밍, 피드백의 순으로 진행된다. 브랜드커뮤니케이션 단계의 효과를 측정하는 지표로서 대표적인 것은 관광목적지로서의 한국관광 선호도, 한국 인지도이다. 한국에 관한 기본적인 수요가 얼마나 형성되었는가를 측정하는 것이다. 수요형성 노력이 펼쳐진 후에는 그 다음 단계로 세일즈 활동이 전개된다. 세일즈 단계에서는 방한상품의 판매, 관광콘텐츠의 판매 등 실제로 한국을 찾게 하는 노력이 펼쳐지므로 그 성과는 방한 관광객 수(흔히 말하는 외래관광객 수)가 될 것이다. 물론 방한 관광객 수를 세분하여 MICE 참가인원, 의료관광객 수 등 특정분야 지표를 설정할 수도 있다. 더불어 관광객이 직접 한국을 여행하면서 접하게 되는 시설이나 서비스와 관련해서는 만족도 지표를 설정할 수 있다. 전반적인 만족도는 물론, 구체적으로 숙박시설의 만족도, 안내서비스의 만족도, 교통수단의 만족도 등으로 다양하게 설정할 수 있다.

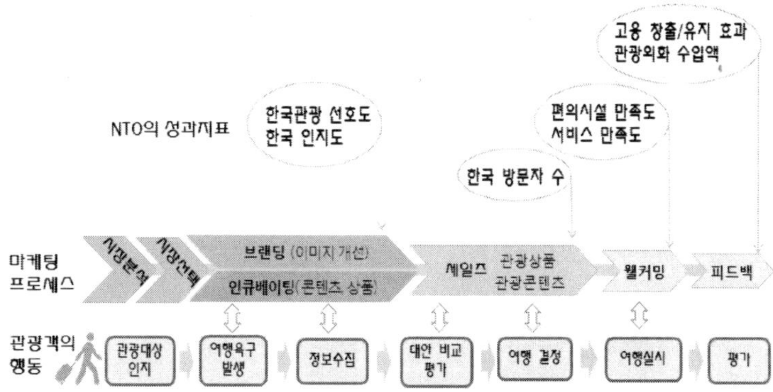

[그림 64] 마케팅 프로세스별 성과지표

한국여행이 끝나면 관광객은 나름 한국여행의 만족 여부를 재평가하고 재방문 여부를 결정하며 입소문을 내겠지만, NTO는 관광객 방문이 최종적으로 어떤 효과가 있었는지를 측정하게 된다. 대표적인 것이 외국인 1인당 소비액, 관광외화 수입, 더 궁극적으로는 일자리 창출 효과, 관광으로 인한 정부의 세수증대 등을 측정하게 된다.

관광산업 활성화 노력의 성과지표들은 관광산업생태계 구성요소와 그 구성요소의 활성화를 책임지는 주체에 따라 다양하게 설정될 수 있다. BSC에서 말하는 이해관계자 관점, 관광객 관점, 내부프로세스 관점의 지표들 역시 정확히 구분하기는 어려운 경우가 많은데, 중요한 것은 지표의 구분이 아니라 '어떠한 지표를 사용하는가?'라는 것이다. 정부, 지자체, NTO, RTO 등 관광산업 활성화 주체들은 평가지표에 맞춰 사업방향을 변화시키므로 평가지표 설정이 민감한 이슈가 되는 것이다. [그림 65]는 NTO의 사업영역별로 성과지표들을 나열한 것인데, NTO의 정체성이나 설립목적에 따라 달라질 수 있지만, 일반적으로 NTO들이 사용하고 있는 지표들을 사업영역별로 나열해 본 것이다.

구분	NTO의 사업	평가지표
브랜딩	• 이미지 캠페인 광고 실시 • 브랜드 홍보 이벤트 개최 - 온·오프라인 • 언론인 초청 및 기사화	• 관광목적지 인지도 변화 • 관광목적지 선호도 변화 • 브랜드 상징물 인지도 • 방문의사 결정 기여도 • 관광객 재방문율
세일즈	• 방송프로그램 제작 방영 • 항공사 공동 캠페인 • Facebook 캠페인 • 트위터 활용 캠페인 • 언론인 초청 사업 실시 • 홍보영상 유튜브 게재 • 인터넷 사이트 운영 • 모바일 사이트 운영	• 목표시장으로부터의 입국 인원 • 목표시장 관광객의 소비액 • 목표시장 관광객의 1박당 소비액 • 핵심시장(국가별) 점유율 증가 • 핵심 콘텐츠 유치 인원/효과 - 의료관광, MICE, 크루즈
공동 세일즈	• 상품 공동 개발 및 모객 • 박람회 공동 참가 • 홍보 이벤트 공동 개최	• 공동 마케팅 참여자 만족도 • 공동 마케팅 ROI • 공동상품 세일즈 인원
웰커밍	• 관광산업 투자 증대 사업 • 관광 인프라 개선 사업 - 숙박, 음식, 쇼핑 등	• 증가된 객실 수 • 증가된 항공좌석 수 • 숙박시설 만족도 • 관광서비스 만족도
지방관광	• 지방관광 캠페인 • NTO-지자체 공동 이벤트 • 언론인 초청 • 신규 콘텐츠 온·오프라인 홍보	• 캠페인 만족도 • 목표시장 여행횟수 증가 • 목표지역 관광객 방문 증가 • 관광객 지방 분산율 • 유료 관광지 입장객 수
종합		• 관광외화수입 기여도 • 일자리 창출/유지 기여도 • 관광관련 세수 증대 기여도 • 관광객 유치 인원

[그림 65] 관광활성화사업의 영역별 성과지표 사례

• R&D 활동 강화의 필요성

관광산업 활성화 노력의 성과지표들을 보면 그 측정방법이 간단치 않음을 알 수 있다. 기존에 정부에서 발표하는 외래관광객 실태조사나 출입국 통계를 이용해 측정 가능한 것도 있지만, 마케팅 활동을 대상으로 한 성과측정은 별도의 리서치를 필요로 하게 된다. 마케팅 활동을 위한 리서치 활동은 NTO의 정보생산 기능과 밀접한 것이므로, 시장분석을 위한 리서치와 사업효과 측정을 위한 리서치는 마케팅을 담당하는 NTO가 직접 담당해야 할 것이다. 리서치 기능이 제대로 뒷받침되지 않으면 NTO의 사업들은 방향성을 잡기 어려우며, 성과측정이 곤란해서 사업의 타당성 여부를 따지기도 힘들다. 또한 대학이나 연구기관이 담당하는 관광산업에 대한 연구활동과 NTO의 마케팅 활동에 필요한 R&D 활동은 그 목적이나 성격이 전혀 다르다. NTO의 R&D 활동은 정보생산기지라는 표현에서 보듯이 NTO 자체의 마케팅 활동과 관광업계의 세일즈에 필요한 정보들, 마케팅 프로세스의 개선을 위한 활동에 필요한 정보를 생산하는 것이다. NTO의 시장조사나 분석기능이 약하다는 것은 사업추진 방법의 타당성이 제대로 검증되지 않는다는 것을 의미하며, 관광산업 생태계의 활성화 노력의 타당성이나 효과가 검증되지 않는다는 것을 의미한다. 눈에 보이지 않아 경시되기 쉽지만, 관광마케팅은 R&D 활동에 의한 체계적인 조사와 분석으로 도출되는 데이터가 기본이 되어야 함을 강조하는 바이다.

글을 마치며

관광산업의 활성화 노력은 전략과 조직, 그리고 성과관리라는 세 가지 영역이 유기적으로 결합되어 추진되어야 성공을 거둘 수 있다고 생각한다. 국가적 차원에서 보면, '전략'이란 공공기관 간 또는 공공기관과 민간부문의 협력, 즉 플랫폼 전략을 통해 관광산업의 새로운 영역을 개척해 나가는 것을 말하며, '조직'이란 중앙정부와 NTO, 지자체, RTO 등 관광산업 육성조직들의 거버넌스를 재정립하여 각 주체들이 시너지 내는 구조를 만들어내는 것을 말한다. 그리고 '성과관리'는 관광산업의 육성노력이 국가발전에 얼마나 기여하고 있는가를 모니터링하고 정책이나 사업을 개선해 나가는 것을 말한다. 그런데 전략과 조직 및 성과관리는 독립된 영역이 아니라 상호보완적이며 유기적으로 엮여 있다. 아무리 훌륭한 전략이라도 그것을 구현할 조직이 뒷받침되지 않으면 성공을 거두기 어려우며, 전략과 조직이 잘 갖춰진 경우에도 성과측정이 이뤄지지 않으면 정책이나 사업들은 방향성을 상실할 수 있을 것이다.

마찬가지로 관광진흥기구인 NTO의 경우에도 경영활동의 핵심 영역은 전략, 조직, 그리고 성과관리이다. '전략'이란 미션의 달성을 위해 다양한 플랫폼을 형성하여 관광수요를 창출하고 콘텐츠를 발굴하며 시장정보를 생산하는 것을 말한다. '조직'은 수요창출과 콘텐츠 발굴, 정보생산에 적합한 조직구조를 만들어 전략이 구현되도록 하는 것이며, '성과관리'는 NTO의 활동이 NTO의 미션달성에 기여하고 있는가를 끊임없이 모니터링하고 피드백하는 것이다. 이 세 가지 영역이 체계적이고 유기적으로 이뤄지는 NTO는 '일자리 및 소득 창출'이라는 관광산업 육성의 최종목표 달성의 핵심성공요인(CSF) 그 자체가 될 것이다. 관광산업의 육성을 단기간에 이뤄내는 획기적인 사업이나 완벽한 정책이란 존재하지 않을 것이다. 존재하지 않는 만병통치약을 찾기보다는 전략과 조직 및 성과관리라는 세 가지 관점을 잘 결합시켜 약효를 높여주는 것이 낫지 않을까.

끝으로 이 책의 내용들 중 상당부분은 개인적인 주장의 형태로 기술되었지만, 국내외 여행사, 항공사, 언론인, 공무원, 한국관광공사 임직원들과의 대화를 통해 얻게 된 생각들임을 밝혀둔다. 세련되지 않은 방식으로 표현되었거나, 정립되지 않은 이론일지라도 관광산업의 현장에서 오랜 경험을 바탕으로 제시된 의견을 모은 것이므로, 관광산업에 대한 새로운 정책이나 사업의 개발, 학계의 연구활동에 미력하나마 도움이 될 것으로 기대하고 있다.

부록

용어해설

관광분야에서 사용되는 용어들은 사용자나 사용분야에 따라 그 의미의 차이가 있을 수 있다. 이 용어해설 코너에 수록된 용어들은 본 책자의 내용을 이해하기 쉽도록 설명하기 위해 기술된 것이며, 학계나 업계에서 사용되는 의미와는 다를 수 있음을 밝혀둔다.

관광경쟁력지수(TTCI)
관광브랜드(관광목적지 브랜드)
관광산업 메가 플랫폼
관광산업 생태계
관광산업지표
관광수요 창출 기지
관광인프라/관광환경/수용태세
관광콘텐츠
관광콘텐츠 발굴 기지
로드쇼(Road Show)
마케팅 모듈
마케팅 채널
마케팅 캘린더
메디텔(meditel)
미션/비전
방문단계곡선
부티크호텔
브랜드마케팅
브랜딩/세일즈/웰커밍
세일즈콜(Sales Call)
스마트 관광
시장성숙도
여행바우처
이미지 광고/모객광고

• 관광경쟁력지수(TTCI)

세계경제포럼(WEF)이 2년 단위로 발표하는 관광경쟁력지수(Travel & Tourism Competitiveness Index)를 말하는데, 140여 개 국가를 대상으로 관광과 관련된 14개 영역에서의 평가를 통해 지수를 산출하는 방식으로 이뤄진다. 14개의 평가영역은 ① Policy rules and regulations, ② Environmental sustainability, ③ Safety and Security, ④ Health and hygiene, ⑤ Prioritization of Travel and Tourism, ⑥ Air transport infrastructure, ⑦ Ground transport infrastructure, ⑧ Tourism infrastructure, ⑨ ICT infrastructure, ⑩ Price competitiveness in the T&T industry, ⑪ Human resources, ⑫ Affinity for Travel & Tourism, ⑬ Nature resources, ⑭ Cultural resources를 말한다. 우리나라는 2011년도 발표 시 32위였으며, 2013년도에는 25위를 차지하였다.

• 관광브랜드(관광목적지 브랜드)

관광목적지(주로 국가단위의 관광목적지)를 연상할 때 떠오르는 모습 또는 떠오르는 속성들의 집합을 관광이미지라고 하는데, 소비자가 보는 관광이미지를 개선하기 위해 보다 매력적으로 형상화하여 설정한 이미지를 관광브랜드라고 한다. 현재 소비자들이 가진 이미지보다 더욱 매력적인 것으로 설정한 가상의 이미지가 관광브랜드인 셈이다. 따라서 관광브랜드를 설정한다는 것은 지역 단위, 국가 단위, 또는 특정 관광지 단위로 관광자원, 관광인프라, 관광서비스 등을 연상할 때 떠오르는 속성을 보다 매력적으로 형상화시킨다는 것을 의미한다. 이런 면에서 관광브랜드를 관광목적지가 고객에게 보여주고자 하는(관광목적지가 지향하는) 이미지 또는 전략적으로 형상화된 이미지라고 부르는 것이다. 본 책의 제3장에서는 관광브랜드를 특정 관광목적지의 공급부문이 수요자의 눈에 더욱 환상적으로 비춰질 수 있도록 일종의 셀로판지를 설치한 것으로 비유하였다. 소비자는 관광목적지의 서비스, 편의시설, 콘텐츠, 인프라 또는 관광상품을 셀로판지를 통해 보게 되므로, 그 관광목적지를 실제보다 더욱 환상적인 곳이라고 인식하게 된다는 것이다. '뽀샵 내지 콩깍지 씌우기'를 통해 관광목적지가 더욱 환상적인 곳으로 인식되도록 인위적인 노력을 기울이는 것이 곧 관광브랜드 확장 및 전파를 말하며, 이를 통해 관광수요를 창출하는 것을 브랜드 마케팅이라고 한다. 흔히 브랜드 이미지를 강화하는 것을 브랜딩, 브랜딩을 위한 브랜드 콘셉트 전파활동을 브랜드 커뮤니케이션이라고 구분하지만, 현실에서는 브랜딩, 브랜드커뮤니케이션, 브랜드 마케팅 등의 용어가 혼용되고 있다. 관광브랜드의 개념을 그림으로 표현하면 본문 제3장의 [그림 16]과 같다.

• 관광산업 메가 플랫폼

본 책에서는 관광산업 생태계의 구성요소를 수요와 공급, 그리고 환경적 요소로 분류하였으며, 공급부문은 서비스, 편의시설, 콘텐츠, 인프라 등 4가지 영역으로 재분류한 바 있다. 수요와 공급, 환경이라는 생태계의 각 부문에서 활동주최들은 각자의 고유한 역할이 있지만, 활동영역은 모두 관광객의 관광행위를 둘러싸고 전개된다. 눈에 보이지는 않지만, 그들의 활동무대가 정해져 있고, 그 무대 내에서 각자의 역할이 구분되어 있는 셈이다. 여기서 무대란 곧 관광객을 둘러싸고 전개되는 모든 활동들의 방향이 설정되는 일종의 장(場), 즉 관광산업 플랫폼이며, 관광산업 생태계의 요소들이 이 플랫폼에서 만나서 상호작용하는 것으로 보고 있다. 이것을 그림으로 표현하면 본문 제2장의 [그림 6]과 같다.

이 플랫폼은 관광산업 전반에 걸쳐서 일어나는 활동을 포괄적으로 나타내므로 메가 플랫폼이라고 부른 것이다. 메가 플랫폼은 정부의 주도로 국가적 차원에서 형성되는 것이므로 정부는 메가 플랫폼을 마련하고 공급부문의 각 주체들을 플랫폼에 참여시키고, 그들의 참여를 통해 시너지를 창출하고 산업생태계를 활성화시키고자 노력하게 된다. 관광산업이 중요 산업인 국가에서는 이러한 메가 플랫폼의 움직임이 활발할 것이며, 그렇지 않은 국가들에서는 플랫폼이 형성되어 있지 않거나 활동이 미약할 것이다. 관광산업의 메가 플랫폼에서 플랫포머 내지 플랫폼 관리자는 정부이므로 정부의 관광산업 플랫폼 관리활동이 곧 관광정책이 된다.

• 관광산업 생태계

자연생태계는 생산자와 소비자 및 분해자로 분류되는 생물적 요소들과 빛, 기후, 토양과 같은 비생물적 요소들이 상호작용을 하면서 움직이는 하나의 메커니즘 내지 환경을 말한다. 이러한 자연생태계의 개념을 산업분야에 적용한 것이 산업생태계인데, 산업생태계라는 개념은 1993년에 James Moore가 "Business ecosystem"이란 논문에서 비즈니스 생태계 이론을 처음으로 주장하였으며, 산업의 발전 주체자인 기업들의 협력적인 상호작용을 통해 진화한다는 것이다.

관광산업 생태계는 이러한 생태계라는 관점을 관광산업에 적용한 것인데, 관광산업의 이해관계자(또는 구성요소)들이 상호작용을 하며 하나의 유기체처럼 성장하고 발전하는 메커니즘을 말한다. 생태계를 구성하는 관광산업의 이해관계들은 관광수요를 가진 소비자인 관광객, 관광객들에게 관광상품이나 서비스를 제공하는 관광사업체(관광업계), 관광수요의 대상인 관광자원, 관광산업과 관련된 제도나 정책 등의 환경적 요소들을 말한다.

관광산업 생태계의 구성요소를 분류하는 방법은 다양한데, 한국문화관광연구원의 연구보고서에서는 생태계 구성요소를 핵심산업, 연관산업(1차 연관계층), 유관기관(2차 연관계층), 외부환경 등으로 분류한 바 있다. 자세한 내용은 한국문화관광연구원(www.kcti.re.kr)의 연구보고서인 "관광산업의 고도화를 위한 생태계 구축방안(2013.8)"을 참고하기 바란다. 이와 달리 본 책자에서는 관광산업 생태계의 구성요소를 크게 수요자, 공급자, 환경적 효소 등의 3가지로 분류하고 본문 제1장의 [그림 4]와 같이 표현하였다. 관점에 따라 관광산업 생태계를 설명하는 방법은 다르겠지만, '생태계'라는 용어를 통해 관광산업 생태계의 구성요소들이 상호 협력을 통한 공동의 발전을 추구해야 한다는 점을 강조한다는 면에서 지향점은 다르지 않다고 본다.

• **관광산업지표(Tourism Industry Indicator)**

관광산업지표는 관광산업의 규모나 건전성 등을 판단하기 위해 사용되는 지표로서, 대표적인 것이 '외국인관광객 입국자 수'와 '관광외화 수입'이다. 이 지표들은 주로 국가단위의 정책목표 설정이나 국가간의 관광산업 규모를 비교하기 위해 사용된다. 그런데 외국인 관광객 입국자는 경제 · 사회 · 문화 등 다양한 영역에서 이뤄지는 활동의 총체적인 결과이므로, NTO의 관광산업 육성사업의 결과라고만 할 수는 없을 것이다. 이런 사유로 NTO의 사업성과를 측정하는 지표로서 국가단위의 '외국인 관광객 전체 입국자 수'나 '관광외화수입'이 부적당하다는 의견이 제기되어 왔다. 이에 따라 캐나다 관광공사(CTC)나 한국관광공사(KTO)와 같은 NTO들은 NTO 자체의 성과지표(KPI)와 관광산업지표(Tourism Industry Indicator)를 구분하여 설정하고 있다.

• **관광수요 창출 기지(Generator of Tourism Demand)**

본 글에서 관광진흥기관(NTO)의 핵심 기능을 관광수요 창출, 관광콘텐츠 발굴, 정보생산 등의 세 가지로 요약하였다. 관광마케팅의 메가 프로세스는 브랜딩-세일즈-웰커밍-피드백이라는 과정으로 요약된다. 브랜딩은 관광목적지에 대한 전략적인 이미지를 형성시켜 시장에서의 선호도 내지 호감도를 높이고 기본적인 방문수요를 창출하는 것이다. 이 브랜딩 활동이 전제되어야 관광상품이나 콘텐츠에 대한 세일즈 활동의 효과가 배가되는 것이다. 브랜딩은 NTO의 핵심 기능이며, 그런 의미에서 NTO를 관광수요 창출기지라고 부른다. (관광콘텐츠 생산 기지, 정보생산 기지 참조)

• 관광인프라/관광환경/수용태세

관광인프라와 관광환경, 수용태세라는 용어는 의미가 중복되기도 하고 실제로도 엄격한 구분 없이 혼용되고 있는 실정이다. 이 책에서는 관광산업 생태계의 공급부문을 서비스, 콘텐츠, 편의시설, 인프라 등의 4가지 영역으로 분류하였는데, 여기서 인프라는 사회간접자본의 성격이 강한 공항, 도로, 철도 등을 의미한다. 그러나 흔히 말하는 '관광인프라'는 사회간접자본을 의미하는 것이 아니라 관광편의시설, 관광서비스 등과 관련된 관광객의 관광환경을 의미하게 된다.

한국관광공사에서는 숙박, 음식, 쇼핑, 관광안내를 관광인프라의 핵심 영역으로 분류하고 있으며, WEF가 발표하는 관광경쟁력지수의 평가영역인 Tourism Infrastructure는 호텔, 렌터카, Visa카드 사용가능 ATM 등 3가지 항목의 평가로 구성되어 있어, 관광인프라가 여행환경이라는 개념으로 사용되고 있음을 알 수 있다. 한편 수용태세는 관광환경과 혼용되고 있지만 공급자 관점(지자체, NTO 등)에서 주로 사용되는 용어이다. 관광환경이나 관광여건이 얼마나 잘 정비되어 있고 쾌적하며, 관광객이 편리하게 관광을 즐길 수 있느냐에 포인트를 둘 경우에 수용태세라는 용어가 주로 사용된다.

• **관광콘텐츠**

관광욕구의 발생대상은 관광자원이다. 기존의 관광자원은 문화재, 자연경관과 같은 물리적 자원이 대부분을 차지하였다. 그러나 관광의 형태가 다양해지면서 기존의 물리적 자원뿐만 아니라 무형의 소프트웨어적인 융복합 관광자원이 등장하여 관광자원의 분류 자체가 불가능할 정도이다. 본 글에서는 세상의 모든 관광자원을 유형에 따라 분류하는 것은 의미가 없으므로, 관광자원을 포함하여 관광의 대상이 되는 모든 것들(소위 관광거리)을 합쳐서 관광콘텐츠라고 지칭하였다. 도시관광, 농촌관광, 어촌관광, 문화관광, 생태관광, 산업관광, 미용관광, 의료관광… 등은 관광콘텐츠를 기준으로 관광의 유형을 분류한 것이다.

• **관광콘텐츠 발굴 기지(Developer of New Tourism Contents)**

관광욕구의 발생 대상은 관광콘텐츠이며, 관광수요의 증가는 기본적으로 새로운 관광콘텐츠의 공급에 달려 있다. NTO는 관광콘텐츠를 개발하여 여행업계에서 상품화시키도록 유도하거나 콘텐츠의 직접적인 세일즈 활동을 벌인다. 이것은 관광마케팅의 메가프로세스인 브랜딩-세일즈-웰커밍-피드백이라는 과정에서 '세일즈 단계'의 활동을 말한다. 세일즈 활동에서 세일즈 품목이 관광상품이나 관광콘텐츠인데, 관광상품도 관광콘텐츠와 서비스를 조합한 것이므로 세일즈의 기본은 관광콘텐츠인 것이다. 다양하고 매력적인 관광콘텐츠를 발굴하여 공급하는 것이 NTO의 핵심기능 중 하나이며, 이런 면에서 NTO를 관광콘텐츠 발굴 기지라고 부른다. (관광수요 창출 기지, 정보생산기지 참조)

• **로드쇼**(Road Show)

로드쇼는 경제용어로는 유가증권 발행회사가 투자자를 대상으로 벌이는 설명회를 의미하는데, 관광홍보에서는 특정한 주제의 관광상품이나 관광목적지에 대한 순회 설명회를 의미한다. 관광목적지 홍보 차원에서 도시나 지역을 순회하면서 잠재 관광객들에게 관광상품이나 관광콘텐츠 정보를 제공하고 홍보하는 활동으로, 보통 NTO가 기획하여 여행사나 콘텐츠 공급자 등과 공동으로 실시한다.

• **마케팅 모듈**(Marketing Module)

브랜드마케팅은 시장의 성숙도에 따라 잠재시장 또는 성장시장을 주 대상으로 하는 브랜딩, 성장시장을 주 대상으로 하는 세일즈로 진행된다. 여기서 브랜딩이나 세일즈 활동은 온·오프라인 광고, 방송 프로그램 제작, 특집기사 보도, 이벤트 개최, 상품개발 등의 다양한 방법이 동원된다. 이러한 마케팅 방법들을 특정 시장에 대해 다양하게 조합하여 적용하게 되는데, 특정 시점에 진행되는 사업(마케팅 활동)들의 조합을 마케팅 모듈이라고 한다. 특히 성숙시장의 경우에는 기존의 세일즈 활동과 새로운 이미지 형성을 위한 브랜딩 활동이 동시에 전개되기도 하므로 브랜딩을 위한 사업과 세일즈 활동이 모듈식으로 다양한 조합을 이뤄 시장공략에 적용되는 것이다. (마케팅 캘린더 참조)

• **마케팅 채널**(Marketing Channels)

일반적으로 마케팅 채널은 제품이 생산자로부터 최종 소비자로 전달될 때까지 거치는 과정을 의미하는데, 관광산업 생태계에서 마케팅 채널은 공급부문의 관광상품이나 콘텐츠가 관광객에게 전달될 때까지 거치게 되는 과정으로서 관광상품이나 관광콘텐츠의 유통, 판매, 홍보 채널 등을 의미한다. 보다 세부적으로는 관광상품이나 관광콘텐츠가 유통되는 여행박람회, MICE 이벤트, 여행사 유통망 등을 유통/판매채널로 하여, 방송, 신문, 인터넷 등은 커뮤니케이션 채널 등으로 구분하기도 한다. NTO의 주 역할이 홍보활동이므로 NTO들이 마케팅 채널(마케팅 경로)이라고 하면 주로 커뮤니케이션 채널 또는 홍보채널을 의미하는데, 트위터 · 페이스북, 각종 앱 등 가장 최근에 등장한 채널에서부터 신문, 라디오, TV 등의 매체와 여행상품 박람회, 로드쇼 등 다양한 채널이 존재한다.

• 마케팅 캘린더(Marketing Calendar)

특정 시장을 두고 볼 때, 관광마케팅 활동은 시간의 흐름으로 보면 브랜딩에서 출발하여 세일즈, 웰커밍이라는 프로세스로 진행된다. 만약 향후 3~4년간 공략할 핵심시장을 하나 선택하였다면, 그 시장에 대해서는 시계열상으로 브랜딩 광고, 언론인 초청, PR, 파워블로거 초청, 상품개발 등이 순차적으로 진행된다. 이와 같이 시간의 흐름(시장의 성숙도)에 따라 다양한 마케팅 활동들을 시점별로 적용시키면서 시장을 공략할 경우의 전략계획 내지 플랜들을 나열한 것이 마케팅 캘린더가 된다. (마케팅 모듈 참조)

• 메디텔(meditel)

메디텔(meditel)은 '메디신(medicine)'과 '호텔(hotel)'이 합쳐진 용어로 '의료관광호텔'을 말한다. 「관광진흥법 시행령」에서는 호텔업을 관광호텔업, 수상관광호텔업, 한국전통호텔업, 가족호텔업, 호스텔업, 소형호텔업, 의료관광호텔업 등의 7가지 유형으로 분류하고 있으며, 의료관광호텔업을 '의료관광객의 숙박에 적합한 시설 및 취사도구를 갖추거나 숙박에 딸린 음식·운동 또는 휴양에 적합한 시설을 함께 갖추어 주로 외국인 관광객에게 이용하게 하는 업'이라고 정의하고 있다. 의료관광호텔은 2014년 3월부터 공식적으로 허용되었다.

• 미션과 비전(Mission/Vision)

경영전략에서 미션(Mission)은 일반적으로 조직의 존재목적, 설립목적을 말하는데, NTO의 미션은 NTO가 관광업계나 정부, 국가, 국민 등 관광산업 이해관계자에게 궁극적으로 기여하고자 하는 가치나 충족시키고자 하는 業의 본질을 말한다. 외국 NTO들은 미션을 Mission, Objectives, Purpose 등의 단어로 표현하고 있다. NTO에 있어 비전(Vision)은 NTO의 역할과 위상에 대한 미래의 궁극적인 모습을 시간적·공간적인 관점으로 투영시켜 표현한 것으로 일반적으로 '~ 최고의 ~가 된다'는 형식을 가진다. NTO에 미션과 비전이 중요한 것은 미션과 비전이 NTO의 정체성을 규정짓고 사업의 범위와 사업수행방향을 설정하는 출발점이 되기 때문이다.

• 방문단계곡선

특정 관광목적지를 방문한 관광객은 관광목적지를 인지하고 어떤 계기로 그 관광목적지를 선호하게 되고, 방문대상지 후보 리스트에 올려두었다가 최종적으로 방문을 감행하는 내면의 변화를 거치게 된다. 이러한 과정을 개인이 아니라 시장으로 범위를 넓혀보면, 어느 특정 시장에서 관광목적지를 인지하는 사람은 상당히 많을 것이다. 그러나 실제로 그 목적지를 선호하는 사람은 단순히 인지하는 사람에 비해 그 수가 적을 것이며, 최종적으로 방문을 감행하는 사람은 더욱 적어질 것이다. 시장의 전체 규모(인원)에서 인지-선호-방문 단계로

가면서 인원 수가 점점 줄어드는 과정을 표현한 그래프를 방문단계곡선이라고 부른다. NTO 중에서는 관광목적지로 인식한 인원 수와 실제로 자국을 방문한 인원 수를 측정하여 관광마케팅 사업의 효과를 측정하는 곳도 있다.

• 부티크호텔

'부티크(boutique)'가 규모는 작지만 멋있고 독특한 고급 의류를 취급하는 점포를 의미하였듯이, 부티크호텔은 개성 있고 고급스러우며 차별화된 분위기를 자아내는 규모가 작은 명품 호텔을 말한다. 부티크호텔의 분류기준이 되는 객실규모는 정해진 바 없으나, 우리나라의 경우 「관광진흥법 시행령」에서 호텔업을 관광호텔업, 수상관광호텔업, 한국전통호텔업, 가족호텔업, 호스텔업, 소형호텔업, 의료관광호텔업 등의 7가지 유형으로 나누고, 객실 20~30실의 규모를 가진 작은 호텔을 '소형호텔'로 분류하고 있는데, 이 소형호텔이 부티크호텔과 가장 유사한 용어라고 할 수 있다.

• 브랜드마케팅

관광패턴의 변화로 감성적인 기준에 의해 관광목적지를 선택하는 경향이 강해지면서, 관광목적지를 하나의 브랜드로 보고 시장에서의 브랜드에 대한 충성도, 즉 관광목적지에 대한 충성도를 높이는 것에 주안점을 두는 것이 브랜드마케팅이다. 본문 제3장에서의 설명과 같이 브랜드마케팅은 시장선택-브랜딩-세일즈-웰커밍이라는 거시적인 프로세스로 마케팅을 진행하게 된다. 물론 시장의 성격에 따라 프로세스가 달라지겠지만, 특정 관광목적지에 대한 고정관념을 바꾸거나 환상적인 이미지를 형성하여 방문수요를 높여 결과적으로 세일즈 활동을 가능케 하는 것이 포인트이다. 브랜드마케팅에서 브랜드 이미지를 강화하는 노력을 브랜딩이라고 하며 브랜드콘셉트를 전파하는 활동을 브랜드커뮤니케이션이라고 하지만, 엄격히 구분되지 않고 혼용되고 있다. (관광목적지 브랜드, 브랜딩/세일즈/웰커밍 참조)

• 브랜딩/세일즈/웰커밍

브랜드 마케팅은 시장선택을 거쳐 브랜딩, 세일즈, 웰커밍, 피드백이라는 프로세스를 거친다. 브랜딩은 관광목적지 브랜드를 전파하여 해당 관광목적지에 대한 선호도나 충성도를 높여 방문수요를 창출하는 것을 말하며, 구체적인 방문상품이나 관관콘텐츠를 판매하는 활동이 세일즈이며, 방문한 관광객에게 감동과 추억을 심어주는 환대활동이 웰커밍이다.(관광목적지 브랜드, 브랜드마케팅 참조)

• 세일즈콜(Sales Call)

일반적으로 세일즈콜은 영업사원이 영업을 목적으로 고객을 방문하는 것 또는 영업 목적의 전화통화 등을 의미하는데, 관광분야에서는 NTO의 홍보담당자나 관광업계의 영업담당자가 관광상품(패키지, 항공권, 숙박권 등)이나 관광콘텐츠 판매를 위해 바이어(여행사, 인센티브 기업체, 기업회의 개최자, 국제기구 사무국, 공공기관 등)를 직접 방문하여 홍보하는 활동을 말한다.

• 스마트 관광

스마트 관광은 관광콘텐츠나 관광의 패턴이 아니라 관광환경과 관련된 용어이다. 스마트폰이 일상화됨에 따라 관광정보 제공 체계나 관광행태에도 많은 변화가 일어나고 있는데, 스마트 관광은 이러한 변화에 대응하여 정보통신기술(ICT)을 기반으로 관광정보 제공이나 관광안내 방식을 고도화시키는 것을 말한다. 한국관광공사에서 운영하는 스마트폰 음성안내 시스템인 '스마트투어가이드'앱, 태블릿을 이용한 관광안내시스템, 모바일 앱, 모바일웹과 같은 관광콘텐츠 서비스가 모두 스마트관광의 범주에 들어간다. '스마트 관광환경'이라고 하는 것이 보다 정확한 표현이 될 것이다.

• 시장성숙도

관광마케팅에서 시장은 그 성숙도에 따라 잠재시장, 성장시장, 성숙시장, 쇠퇴시장으로 구분할 수 있다. 잠재시장은 관광객 송출의 잠재력을 가지고 있지만, 아직 송출이 미약한 시장이며, 수요가 형성되고 방문욕구가 발생하는 곳은 성장시장이며, 관광목적지에 대한 구체적인 방문정보를 탐색하고 세일즈가 활발한 곳을 성숙시장이라고 부른다. 마지막으로 세일즈가 위축되고 수요가 줄어드는 곳은 쇠퇴시장이라고 부른다. 이러한 분류는 시장을 분류하는 기준이나 관점에 따라 달라질 수밖에 없으며, 이 책에서만 적용되는 기준임을 밝혀둔다.

• 여행바우처

복지관광 차원의 제도로서, 기초수급자나 법정차상위계층 등 경제적인 사유로 여행기회를 갖기 어려운 소외계층을 대상으로 정부가 일정범위의 국내여행 경비를 지원하는 제도이다. 우리나라에서는 바우처 대상자에게 여행이용권 카드 형태로 제공되었는데, 2013년도의 경우 개인여행에는 1인당 15만 원, 가족여행에는 30만 원까지 지원된 바 있다. 최근에는 여행바우처와 문화바우처, 스포츠바우처 이용권이 문화누리카드로 통합되었다.

• **이미지 광고/모객광고**

거시적 관점에서 관광마케팅의 프로세스를 브랜딩–세일즈–웰커밍으로 잡았을 경우, 브랜딩 목적의 광고를 흔히 이미지 광고라고 부른다. 관광목적지의 이미지 개선이나 설정된 브랜드 콘셉트의 정착을 위해 실시하는 광고이며, 많은 비용을 들여 유명 매체를 활용해 실시한다. 이에 비해 모객광고는 세일즈 단계에서 패키지 상품이나 콘텐츠의 판촉 차원에서 실시하는 광고로 상품광고라고도 부른다. 이미지 광고는 NTO가 단독 또는 항공사와 같은 대형 기업과 공동으로 실시하며, 모객광고는 관광업계가 단독으로 또는 NTO의 지원을 받아 NTO와 공동으로 실시하기도 한다. 이미지 광고는 구체적 관광콘텐츠 보다는 관광목적지에 대한 포괄적인 이미지(브랜드)가 광고소재인 반면, 모객광고는 구체적인 상품이나 콘텐츠가 광고소재라는 점에서도 차이가 있다.

• **이해관계자(Stakeholders)**

NTO의 활동과 성공에 직접 또는 간접적으로 이해관계를 가지고 있는 개인이나 그룹을 말한다. NTO의 활동과 성공에 이해관계가 있는 그룹은 정부, 관광업계, NTO 종사자, 소비자(내외국인 관광객), 국민, NTO의 스폰서, 파트너, 대행사 등 너무나 다양하지만, 이 책에서는 경영전략에서 말하는 BSC의 관점과 NTO의 설립목적을 고려하여 NTO의 가장 중요한 이해관계자를 정부, 국민(관광업계 및 관광관련 개인), 관광업계로 분류하였다.

• **인큐베이팅(Incubating)**

관광소비의 핵심 대상인 관광콘텐츠는 콘텐츠 자체 또는 관광상품의 구성요소로서 여행시장에서 세일즈되는 것인데, NTO의 핵심 역할 중 하나는 관광거리가 될 수 있는 잠재 콘텐츠를 찾아 관광콘텐츠로 육성하는 것이다. 이와 같이 잠재 콘텐츠가 시장에서 소비자들의 관심을 끌어 관광콘텐츠로 자리 잡을 수 있도록 지원해 주는 것을 NTO의 인큐베이팅 기능이라고 한다.

- **정보생산 기지(Provider for Travel & Tourism Market Information)**

관광홍보에는 관광객들을 위한 관광지 정보도 필요하지만, 마케팅에 필요한 정보는 시장에 관한 정보이다. 시장에 관한 정보는 NTO의 R&D 활동의 결과물인데, NTO가 생산하는 시장정보는 관광업계의 활동방향을 설정하는 기준이 된다. 마케팅 프로세스상의 세일즈 단계에서 관광업계는 관광상품이나 콘텐츠를 판매하게 되는데, 중요한 것은 시장을 선택하고 상품이나 콘텐츠의 내용을 결정하는 것이다. 시장의 선택은 시장동향 분석을 기초로 하여 관광목적지(한국)에 대한 선호도와 호감도, 관광패턴, 선호하는 콘텐츠 등 다양한 요소를 고려해야 한다. 시장선택과 동향파악을 위한 정보의 생산에는 많은 비용이 소요되며, 현지에서의 네트워크가 필요하므로 개별업체가 단독으로 수행하기는 어려워 NTO가 담당할 수밖에 없다. 또한 NTO 자체도 브랜딩 활동과 콘텐츠 세일즈 활동을 시장정보에 의존하여 진행하게 된다. 이와 같이 NTO의 R&D 기능은 NTO 자체는 물론 관광업계의 영업활동에 필수적인 중요한 기능이므로 NTO를 정보생산기지(Provider for Tourism & Travel Information)라고 부른다. (관광콘텐츠 발굴 기지, 관광수요 창출 기지, 큐레이션 참조)

- **지트(Gites de France)**

지트는 프랑스의 농가민박 네트워크로 2차 세계대전 후 침체된 농촌경제를 되살리기 위해 1951년도에 시작되었다. 지트의 공식 사이트(www.gites-de-france.com)에 의하면 현재 프랑스 전국에 60,000여 개의 지트가 운영되고 있는데, 지트의 유형은 숙박시설 기준으로는 Holiday cottages, Bed and breakfast, City Break(도시 민박), Campsites & Cottages 등으로 분류되어 있으며, 관광콘텐츠를 기준으로 하면 Alpine skiing, Children, Countryside, Extreme sports, Fishing, Garden, Gourmet, Hiking, Horse-riding 등 30여 가지 유형으로 분류되어 있다. 지트는 단순한 민박이 아니라 전국적인 조직망을 갖추고 있는데, 프랑스 각 지역의 지트협회, 파리의 지트 연합본부 등이 전국단위의 조직망을 구축하고 홍보·예약·운영 측면에서 강력한 네트워크를 형성하고 있다.

• **창조관광**

관광에 관한 아이디어를 보유하고 있으나 사업화시킬 수 있는 노하우나 자금력이 부족한 개인 또는 단체를 선정하여 공공부문에서 사업화를 지원해 주는 관광벤처 육성사업을 말한다. 2012년 한국관광공사에서 처음으로 시작하였는데, 공모를 통해 잠재력 있는 관광콘텐츠를 선정하여, 콘텐츠공급자가 사업화시킬 수 있도록 콘텐츠 발굴과 운영·홍보 등을 지원해서 시장에 진입할 수 있도록 도와준다. 아이디어를 보유한 콘텐츠 공급자와 인큐베이팅 노하우를 가진 관광공사가 플랫폼을 형성하여 새로운 관광사업체를 만들어내는 플랫폼 전략의 전형적인 사례이다.

• **컨벤션 뷰로(CVB, Convention & Visitors Bureau)**

컨벤션 뷰로는 MICE의 유치나 개최를 지원하는 비영리조직으로, MICE의 유치를 위한 홍보/마케팅, MICE 개최 지원, MICE산업 홍보 등의 역할을 한다. 구미주에서는 주로 지역이나 도시 단위로 CVB가 운영되고 있는데, 해당지역이나 도시의 홍보 차원에서 컨벤션 개최를 지원하고 방문자들에 대한 안내를 주로 한다. 우리나라에서의 CVB는 방문자센터(Visitors Bureau)라기보다는 컨벤션진흥기관(Convention Bureau)의 성격이 강한데, 국가적 차원의 CVB로 한국관광공사에 MICE 뷰로가 설치되어 있으며, 지자체에는 지방 CVB가 설치되어 있다. 또한 MICE 산업 육성을 위해 「국제회의산업육성에관한법률」이 제정되어 있다. 국가나 지역마다 CVB의 역할은 조금씩 다르지만, 대체로 MICE 개최지 정보(회의시설, 관광자원, 인프라 등) 제공, MICE 유치활동 지원, MICE 개최 지원(장소, 프로그램, 교통, 숙박, 운영 등 다양), MICE 참가자 대상 관광정보 제공, MICE산업 육성정책 개발 등의 역할을 한다. (MICE 참조)

• 체크바캉스

프랑스에서 최초로 도입된 프랑스의 국내관광 활성화 정책의 하나인데, 국내여행을 확대하기 위해 사용자와 근로자가 50 : 50으로 여행비용을 분담하여 근로자에게 여행기회를 부여하는 제도로서, 프랑스에서는 수혜자가 370여 만 명에 이른다고 한다. 우리나라는 2014년부터 '근로자 휴가지원제도'라는 이름으로 체크바캉스 제도의 도입을 추진 중에 있는데, 근로자와 기업체 정부(NTO가 대행)가 일정비율의 비용을 분담하여 근로자에게 여행기회를 주며, 비용의 결제는 신용카드 방식, 온라인 포인트, 체크카드 등 여러 가지 방안이 검토되고 있다.

• 코리아 스파클링(Korea, Sparkling)

코리아 스파클링은 2007년도에 한국관광공사가 설정한 한국관광브랜드를 말하는데, '반짝이는 한국', '빛나는 한국'으로 번역하기도 한다. 스파클링은 오랜 역사와 최첨단이 공존하는 한국의 관광매력을 상징하는 콘셉트로, 한국을 여행하면 상큼하고 짜릿한 영감을 느낄 수 있다는 의미이다. 2010년도에 국가브랜드위원회가 새로운 국가브랜드 설정을 추진하면서 코리아 스파클링은 폐지되었다.

• 큐레이션(Curation)

큐레이션은 미술관의 큐레이터가 미술작품을 수집하고 관람자들에게 유용한 것을 선별하여 전시함으로써 더 나은 가치를 제공해 준다는 것에서 파생된 말로서, 수많은 정보를 수집하여 이용자들이 필요로 하는 것들을 선별·가공함으로써 새로운 가치를 부여해서 제공하는 것을 뜻한다. NTO는 시장동향에 관한 정보를 수집·파악하여 NTO 자체의 마케팅 활동은 물론 관광업계나 콘텐츠 공급자들의 세일즈 활동에 필요한 유용한 정보로 가공하여 제공하는데, 이것이 NTO의 큐레이션 기능이다. (정보생산 기지 참조)

• 통합마케팅(IMC) 전략

통합마케팅커뮤니케이션(Integrated Marketing Communication) 전략은 광고나 PR 등 NTO의 다양한 커뮤니케이션 활동들이 따로 놀지 않도록 전략적으로 연계/통합시켜 최대의 효과를 거둘 수 있도록 한다는 전략을 말한다. '통합'이라는 의미는 관광목적지 홍보 콘셉트를 브랜드 관점에서 통합시켜 다양한 활동들이 시너지를 내도록 유도한다는 것을 의미한다. 국가적 차원의 관광마케팅 프로세스에서 보면 NTO의 브랜딩 활동과 인큐베이팅 활동(콘텐츠 발굴), 관광업계의 세일즈 활동, 지자체의 웰커밍 활동이 모두 전략적으로 연계되어 있고, 관광목적지 브랜드의 콘셉트가 일관성을 유지하도록 하는 전략을 의미한다.

• **투입(Input)/과정(Process)/산출(Output)/결과(Outcome) 지표**

NTO의 사업성과 측정을 위한 지표들의 유형은 여러 가지 기준으로 분류할 수 있지만, 사업(마케팅활동) 진행과정에 따라 투입-활동-산출-결과의 논리적 흐름으로 추적하여, 최종적으로 어떠한 성과를 냈는지 측정하는 방법으로 투입(Input)지표와 과정/활동(Process/Activity)지표, 산출(Output)지표, 결과(Outcome)지표로 분류하기도 한다. 투입(Input)지표는 업무수행을 위해 투입된 요소의 적정성 여부를 판단하는 지표(사업추진을 위한 인적·물적 자원의 투입)로서 예산액(비율), 투자액, 투입인력 등이 해당된다. 과정/활동(Process/Activity)지표는 투입된 인적·물적 자원을 기반으로 하는 사업추진활동의 적정성을 판단하는 지표로서 현지 언론 노출실적, 앱 다운로드 건수, 방한상품 개발 건수 등으로 다양하게 설정할 수 있다. 산출(Output)지표는 조직의 업무활동을 통해 도출된 1차적 산출물(서비스나 제품 등)의 적정성을 판단하는 지표로서 한국관광 이미지, 한국관광 정보사이트 이용자 만족도 등의 지표를 말한다. 결과(Outcome)지표는 사업이 지향하는 최종 결과나 성과로, 도출된 산출물을 접한 이해관계자의 인식변화 및 대외적 영향을 판단하는 지표를 말하며, 의료관광객 인원, 국제회의 참가인원 등으로 다양하게 설정할 수 있다.

• **팸투어(Familiarization Tour, Fam Tour, Fam Trip)**

관광목적지로서의 매력을 직접 체험시키거나 관광상품의 개발을 위해 사전에 상품의 내용을 직접 확인하고 체험해 보도록 하는 사전 답사여행을 말한다. 여행업자 팸투어는 주로 상품개발을 위해, 기업회의나 인센티브단체 기획자들을 대상으로는 회의 개최지를 미리 둘러보도록 하는 차원에서 실시된다. 팸투어는 대상자를 NTO가 주로 섭외하는데, 언론인 · 여행업자 · 기업체 임원 · 국제기구 임원 등으로 다양하며, 비용은 NTO와 항공사 · 호텔이 분담하거나 여행사의 패키지 상품을 협찬받기도 한다. 홍보기사를 유도하기 위한 언론인 초청, 유명 블로거 초청, 연예인과 같은 유명인사 초청 등의 초청관광도 관점이 다르기는 하지만, 팸투어와 유사한 방식으로 진행되므로 두 용어는 혼용되고 있다.

• 플랫포머

플랫폼을 구축하고 관리하는 역할을 하는 주체를 플랫포머라고 한다. 플랫포머는 플랫폼 참여자의 역할을 설정하고 플랫폼 운영규칙을 세워 플랫폼이 원활히 작동되도록 관리하는 역할을 한다. 관광산업 메가 플랫폼의 플랫포머는 국가 또는 정부이며, 외래객 유치 플랫폼, 농촌민박 플랫폼 등의 플랫폼에서 플랫포머는 NTO가 된다.

• 플랫폼과 플랫폼 전략

플랫폼은 다양한 분야에서 다양한 의미로 사용되는 용어이지만, 관광산업에서는 관광산업 이해관계자들의 협업이나 협력 시스템을 플랫폼이라고 한다. 정부나 NTO가 단독으로 관광산업 육성사업을 추진하기보다는, 관광산업의 다양한 이해관계자를 모아 협력 네트워크를 형성하여 추진하는 것이 효과적이다. 이 경우 다양한 기능을 가진 이해관계자들이 모여 시너지를 창출하는 네트워크를 플랫폼이라고 한다. 달리 표현하자면 관광산업 육성사업에서 협업이나 협력의 장 또는 공동사업 추진시스템이 플랫폼에 해당되며, 플랫폼을 형성하여 사업을 추진하는 것이 플랫폼 전략이 된다. 관광산업은 융 · 복합을 통해 다양화되고 발전하게 되므로, 협업이나 협력을 통해 또는 플랫폼 전략을 통해 관광과 관련한 융 · 복합 작용이 원활히 일어나 시너지가 창출되고 새로운 사업영역이 생겨나게 되는 것이다. 타 산업분야에서는 플랫폼을 제품을 생산하는 프레임 워크 등 다양한 의미로 사용하며, 히라노 아쓰시(Hirano Atsusi)와 안드레이 학주(Andrei Hagiu)의 저서인 『플랫폼 전략』(2011, 더숲 발간)에서는 플랫폼 전략을 "관련이 있는 여러 그룹을 '場', 즉 플랫폼에 불러 모아, 관계형성이나 고객 모집 등 다양한 기능을 제공하고, 검색이나 광고 등의 비용을 줄여, 입소문과 같은 네트워크 효과를 창출하는 것"이라 정의하고 있다.

• Accessible Tourism(무장애관광)

Accessible Tourism은 관광의 유형이 아니라 무장애관광환경을 만들어가는 노력을 의미한다. 신체적 장애나 연령에 관계없이 누구나 관광지에 접근할 수 있고, 관광상품을 구입할 수 있고, 관광서비스를 받을 수 있는 환경을 만들어간다는 의미이다. 주로 장애인에 대한 여행 장애요소를 없애는 노력을 의미하는데, 장애인 여행정보 서비스 구축, 장애인 관광시설 마련, 장애인 서비스 가이드라인 개발 등이 무장애 관광환경 구축 노력에 해당된다.

• Birthing Tourism

출산을 위해 외국으로 떠나는 출산여행을 말하는데, 속지주의 원칙에 따라 국적을 부여하는 국가로 여행하여 그 국가의 국적을 보유하는 2세를 출산하거나, 인구제한 정책으로 1가정 1자녀만을 허용하는 국가에서 타 국가로 출산을 위해 떠나는 경우가 해당된다. 우리나라에서는 원정출산이라 불리고 있다. 출산여행지로 인기가 높았던 미국에서는 불법 산후조리원을 단속하는 경우도 있지만, 출산목적의 입국을 금지할 수 있는 현실적인 방안이 없는 상태이다. 유사한 용어로 Babymoon이라는 여행형태가 있는데, 신혼여행을 의미하는 Honeymoon

과 Baby가 결합되어 흔히들 태교여행이라는 의미로 사용하고 있다.

• Black Tourism/Dark Tourism

참혹했던 죽음의 현장이나 재난지역을 둘러보는 관광을 말한다. 원전사고 지역인 체르노빌을 둘러보는 여행상품이 대표적인 것인데, 관광목적지 또는 관광콘텐츠의 영역이 무한함을 알려주는 사례이다.

• BSC(Balanced Score Card, 균형성과표)

BSC는 Robert S. Kaplan과 David P. Norton이 1992년도에 처음 제시한 것으로, 기업의 성공을 위해 달성해야 할 핵심성공요인(보통 성과목표 형태로 표현됨)의 달성도를 측정하는 '성과지표'(지표 형태로 표현된 성과목표)를 모아놓은 것을 말한다. '균형'이라는 의미는 기업의 성공을 한 관점의 목표 달성만으로 판단할 수 없으며, 재무(Financial), 고객(Customer), 내부 프로세스(Internal Process), 학습과 성장(Learning & Growth) 관점에서 측정지표를 선정하고 가중치를 적용하여 종합적으로 성공여부를 판단해야 한다는 것이다.

당초 캐플란과 노턴은 BSC의 관점을 재무(Financial), 고객(Customer), 내부 프로세스(Internal Process), 학습과 성장(Learning & Growth) 등 네 가지로 제시하였으나, 본 책자에서는 NTO의 성격에 부합하도록 고객 관점을 관광객(Visitor) 관점으로, 재무 관점을 이해관계자(Stakeholder) 관점으로 대체하였다. 이해관계자 관점의 지표는 NTO의 활동이 이해관계자인 관광업계, 정부, 국민의 관점인 수입・세수・일자리의 증가에 얼마나 기여하고 있느냐를 나타내는 성과지표(성과목표)를 말한다. 관광객 관점의 지표는 NTO의 활동이 관광객의 충성도와 만족도를 높이고 있는가를 나타내는 성과목표/성과지표를 나타내며, 내부프로세스 관점의 지표는 관광객과 이해관계자의 만족을 위해 NTO의 사업방식을 어떻게 개선(핵심 프로세스의 개선)하느냐를 나타내는 성과목표/성과지표를 나타낸다. 학습과 성장 관점의 지표는 NTO의 설립목적 달성을 위해 어떠한 방법으로 NTO의 역량을 키울 것이냐는 관점의 성과목표/성과지표를 의미한다. 이러한 네 가지 관점에서의 목표들의 인과관계를 표현한 것이 Strategy Map(전략지도)이다. (BSC, CSF, KPI 참고)

• CSF(Critical Success Factors, 핵심성공요인)

조직의 목표를 달성하기 위해 필수적으로 이뤄져야 하는 성공요소를 말한다. CSF는 조직의 성과달성에 가장 큰 영향을 미치는 요소, 즉 성과달성을 위해 반드시 실행/관리/달성해야 하는 요인(역점과제, 핵심과제)들이므로 일반적으로 NTO가 "○○○(역점과제)를 이루면/달성하면/실행하면 ○○○ 목표를 달성할 수 있다"는 방식으로 도출하며, ○○○ 강화, ○○○ 개선, ○○○ 실행 등 행동적인 의미로 표현한다. 어느 NTO의 경영목표가 '중국인 관광객 300만 명 유치'라고 설정되었다면, 이를 달성하기 위한 CSF의 하나가 중국시장에서의 인지도 상승이 될 것이며, KPI는 인지도 상승노력을 측정하는 지표가 될 것이다. CSF는 핵심성공요인이라고 불리지만, 목표달성을 위해 실행/관리/달성 노력을 기울이는 대상인 관계로 결국은 중점과제/전략과제/핵심과제로 설정되게 된다. (BSC, KPI, Strategy Map 참조)

• Drug Tourism

마약을 목적으로 마약 흡입이 자유로운 곳으로 떠나는 여행을 말한다. 마리화나를 피우는 것이 합법적인 국가(예, 네덜란드)로의 여행은 마약 흡입자들에게 인기있는 여행지가 되고 있다. (일명 마약관광)

• Extreme Tourism

단순히 모험관광이라고 부르기에는 너무 약하고, 속어로 쇼킹 투어리즘 정도로 얘기할 수 있는 스릴을 콘텐츠로 하는 관광형태를 Extreme Tourism이라고 한다.

까마득한 계곡 아래로 떨어지는 번지점프도 모험관광이 될 수 있는데, 사실 겁이 많은 사람들한테는 테마파크의 롤러코스터도 Extreme Tourism의 하나라고 할 수 있다. 그런데 러시아에서는 미그29기를 타고 러시아 상공을 날아보는 투어도 있다고 한다. 구소련의 미그29 전투기, 그것도 정비 불량으로 언제 추락할지도 모르는 채, 마하의 속도로 상공을 비행하는 것 자체는 정말 스릴 넘치는 모험관광이라고 할 수 있다. 우리나라에서는 DMZ 지뢰밭 트레킹 정도면 Extreme Tourism이 아닐까.

• FIT(개별자유여행)

Foreign Independent Tour, Free Individual Tour, Foreign Independent Traveler(Tourist) 등의 약자로 개별자유여행(객), 외국인개별관광(객)을 말하며 보통 개별여행(객)이라고 부른다. 혼자 또는 친구나 가족 단위의 소그룹으로 움직이면서, 호텔 · 항공 · 관람 등을 여행사에 의뢰하지 않고 직접 해결하는 여행형태이다. 완전개별여행, 에어텔 패키지(항공과 호텔을 예약해 주는 상품을 구매하는 경우) 등으로 구분하기도 한다.

• KPI(Key Performance Indicators, 핵심성과지표)

조직의 목표를 성공적으로 달성하기 위해 핵심적으로 실행/관리/달성해야 하는 요소들(CSF)의 달성여부를 판단하는 핵심성과지표를 말한다. 조직의 목표달성을 위한 핵심성공요인(중점과제, CSF)의 실행/관리/달성노력의 결과로 나타나는 성과를 측정하기 위해 설정하는 것으로, CSF를 실행/관리/달성하되 얼마나 열심히, 무엇을 위해 활동하는가에 대해 방향성과 노력의 정도를 계량적/비계량적 지표형태로 표현한 것이다. KPI는 보통 성과항목과 목표수준으로 구성되는데, NTO의 KPI가 '관광객 인지도 상승 5%'라고 가정할 경우 성과항목은 관광객 인지도 상승이며 목표수준은 5%가 되는 셈이다. (CSF, BSC, Strategy Map 참고)

• MICE, MICE관광, MICE산업

MICE는 Meetings, Incentives, Conferences and Exhibitions를 통칭하는 약자인데, Conferences는 Conventions과, Exhibitions는 Exhibitions & Events와 혼용되고 있다. 국제회의 참가, 인센티브 여행, 이벤트 참가/관람 등을 내용으로 하는 관광이 MICE 관광으로, MICE 관광객은 일반 관광객에 비해 소비지출이 높기 때문에 관광산업 중에서도 고부가 영역으로 인정받고 있다. MICE산업은 관광산업의 한 영역으로서 MICE와 관련된 국제회의시설 운영, 회의나 이벤트 기획/진행, 전시회 개최, 국제회의 참가자 투어 서비스 등 MICE를 유치/개최함으로써 부가가치를 창출하는 산업을 말한다. MICE의 영역에 따라 전시산업, 컨벤션산업 등으로 구분하기도 하지만, 보통 컨벤션 산업 또는 국제회의 산업이라고 하면 MICE산업을 포괄적으로 지칭하는 경우가 많다. (컨벤션 뷰로 참조)

• Mob Tourism

폭력배 흉내를 내며, 폭력단이 활극을 벌였던 곳을 답사하는 여행이다. 여행콘텐츠가 유명 폭력조직이 활동하였던 곳이나, 유명한 악

당이 감금되었던 감옥, 폭력집단의 난투극 현장 등을 돌아보는 형태인 셈이다.

• ROI(Return on Investment)

투자수익률을 말하는데, 관광마케팅에서는 비용 대비 사업효과를 측정하는 지표로 사용된다. 언론인 초청사업의 경우 ROI는 언론인 초청에 소요된 비용과 초청결과로 나타난 기사화 효과(일반적으로 기사의 크기를 광고료로 환산하여 금액으로 표시)를 비교하여 비율을 측정하는 방식이다. 홍보 캠페인 사업의 ROI는 특정 시장의 공략에 소요된 비용을 해당 시장의 관광객의 소비액과 비교하여 비율을 측정하는 것이다. 적은 비용으로 많은 효과를 거두었다면 ROI가 높아지는 것이다.

• RTO

지역관광기구인 지역관광공사 혹은 지방관광공사를 흔히 RTO(Regional Tourism Organization)라고 부른다. 지역 입장에서 국가관광기구(NTO)와 유사한 기능을 수행하며, 지자체의 공조직 형태로 설립된다. 우리나라의 부산관광공사, 경기관광공사 등이 여기에 해당되며, 외국에서도 State Tourism Organization, Territory Tourism Organization 등의 형태로 운영되고 있다.

• Slum Tourism

슬럼가로 떠나는 여행을 말한다. 브라질의 유명한 슬럼가인 파벨라는 마피아의 은신처로 위험한 지역으로 알려져 있으나, 파벨라를 둘러보는 관광상상품도 등장하였다. 2014년 브라질 월드컵을 계기로 파벨라를 찾는 관광객이 날로 증가하고 있다고 한다. 한국으로 치면 달동네나 쪽방촌이 하나의 관광목적지가 되는 셈이다.

• **Space Tourism**

지구를 벗어나 우주로 여행하는 우주관광을 말하는데, 이미 10여년 전부터 우주관광을 준비하는 곳도 있어, 머지않아 실현될 것으로 보인다. 우주여행상품의 예약을 받는 곳도 생겨나고 있는데, Virgin Galactic이라는 회사는 1인당 25만 달러의 요금으로 우주관광의 예약을 받고 있다고 한다.

• **Strategy Map(전략지도)**

BSC(Balanced Score Card)로 유명한 Robert S. Kaplan과 David P. Norton이 비즈니스에서 가치가 창출되는 과정을 표현하는 방법으로 창안해 낸 것으로, 전략 구성요소들 간의 인과관계, 즉 전략이 성과달성으로 연결되는 모습을 시각적으로 표현한 것이다. NTO의 경우 Strategy Map은 관광활성화 전략들이 관광산업 육성의 최종목표(일자리, 수입, 세수) 달성에 어떻게 기여하는가(즉 어떤 경로로 가치를 창출하는가)를 이해관계자, 관광객, 내부 프로세스, 학습과 성장 등의 네 가지 관점별로 성공요인들과 목표들을 '인과관계 지도' 형태로 나타내는 것이다. 전략지도는 NTO의 직원들에게 자신의 업무가 NTO의 목표 달성과 어떤 연관성이 있는가를 보여줌으로써, 목표달성을 위해 집중할 수 있도록 유도해 주는 역할을 한다.

• **Suicide Tourism**

죽음을 위해 자살이 합법적인 국가로 떠나는 여행이다. 예를 들면 자살이 합법인 스위스에는 자살을 목적으로 방문하는 외국인들이 매년 수백 명에 이른다고 한다. 놀라운 것은 스위스인들이 외국인들의 자살여행을 별 문제 없는 것으로 받아들인다는 것.

• **Tattoo Tourism**

우리나라에서는 문신을 새기면 불량스런 행위로 여기지만 서양인들 중에서는 문신을 자기 표현이라고 생각하며, 거부감이 없는 경우가 많다. 문신을 새기기 위해 문신으로 유명한 곳으로 떠나는 여행을 문신관광이라고 하며, Miami Tattoo Expo, New York AM-Jam Tattoo Expo, Sydney Tattoo & Body Art Expo, Moscow Body-Art Festival, The Calgary Tattoo & Arts Festival 등은 문신관광객들에게 인기 있는 이벤트들이다.

• **Tourism Directions Conference**

관광산업 플랫폼의 전략회의에 해당되는 것으로, 우리나라의 경우 문화체육관광부가 주관하는 관광진흥확대회의나 한국관광공사가 연 단위로 개최하는 고객설명회와 같은 관광산업 이해관계자 콘퍼런스를 말한다. 국가마다 다양한 형태로 개최되고 다양한 명칭으로 불리고 있는데, 관광업계, 정부 관계자 및 NTO, 지자체 및 RTO 등 관광산업 이해관계자들이 모여 관광산업의 전망·시장동향 등에 대한 의견을 교환하며, 정부의 관광정책 방향과 NTO의 마케팅 전략 등을 발표하는 곳이다. 이러한 형식의 콘퍼런스가 중요한 것은 브랜드 관점에서 관광산업 이해관계자들의 행동방향을 통일시키고 각 주체 간의 협력을 통한 시너지 창출을 기대할 수 있기 때문이다.

저자 소개

■ **정 기 정**

연세대학교를 졸업한 후
1990년부터 한국관광공사에서 근무하고 있다.
'관광산업과 플랫폼 전략'은
'관광으로 행복 만들기'(2008, 백산출판사)에
이어 그의 두 번째 글이다.

관광산업과 플랫폼 전략

2014년 7월 20일 초판 1쇄 인쇄
2014년 7월 25일 초판 1쇄 발행

저 자 정 기 정
발행인 진 욱 상 · 진 성 원

발행처 백산출판사
서울시 성북구 정릉로 157(백산빌딩 4층)
등록 : 1974. 1. 9. 제 1-72호
전화 : 914-1621, 917-6240
FAX : 912-4438
http://www.ibaeksan.kr
editbsp@naver.com

저자와의 합의하에 인지첩부 생략

값 15,000원
ISBN 978-89-6183-010-2